S. ローゼンツァイク

# 攻撃行動と
# P-Fスタディ

秦 一士 訳

北大路書房

**Aggressive Behavior and the Rosenzweig
Picture-frustration (P-F) Study**

by

**Saul Rosenzweig**

© 1978 by Saul Rosenzweig

## 原著者の序

　本書は40年以上にわたって行なわれたP-Fスタディに関する研究の総合的，批判的な報告である。ここにはP-Fスタディの背景であり，P-Fスタディを作成するもとになった実験的心理力動学の研究についての論議も多少含まれている。P-Fは人事や臨床への直接的な適用と同時に，実験的研究の1つの方法として生まれたものである。これら2つの目的は相互に関連しているので，本書の中でも絶えずみることができる。

　フラストレーションが普遍的なものであり，攻撃行動について絶えず関心がもたれていることが本書の存在理由である。広範囲にわたる文化や国々で，多種多様の対象者について行なわれた研究が，個人的，集団的な葛藤に内在する複雑な問題の理解や解決に役立つことを願っている。P-Fスタディは世界中で受け入れられ，多くの国々で標準化された改訂版があるので，広範囲にわたる堅実な研究に発展する機会をもっており，現に，フラストレーションに対する反応の文化交差的差異についての研究が行なわれている。個人に用いたP-Fスタディの効用は，プライバシーを侵害するとしていろいろ非難されているテストがあるにもかかわらず，長年にわたって盛んに用いられていることからも立証されている。P-Fに備わっている個性力動的な背景は，その点に関して問題になるような性質は比較的少ない。

　焦点はP-Fスタディにあるが，信頼性，妥当性，力動論などが考慮されている多くの概念や方法にとっても広い意味をもっていることに注目すべきである。たとえば，投影法や半投影法の信頼性と妥当性の問題は，なお明らかにされなければならないが，P-Fスタディの評価に用いられた指針が，P-Fスタディと類似した技法の問題解決に役立つことが期待される。恐らく，もっと重要なことは，P-Fスタディは単なる査定のためだけでなく，力動的な概念の明確化と発展に役立つ手本として，明らかに実効性をもっていることである。

　1部はP-Fスタディの現在の状況について概観する。攻撃の定義とP-Fスタディの概要に続いて，P-Fスタディの信頼性と妥当性についての批判的な論議を行なう。P-Fスタディのさまざまな適用（実用的妥当性）についても触れる。2部はP-FスタディとP-Fスタディに関する研究の簡単な歴史を紹

介する。さらに，引用索引付のP-Fスタディ研究の分野別分類を掲載する。
3部は文献の索引で，すべての引用文献の著者と題目を記載した。

Saul Rosenzweig
セントルイス，ミズーリー州

## 原著者の謝辞

　本書の出版で特にお世話になったのは妻の Louise である。妻とともに P-F を構想し，これが実を結んだのは妻の協力に負うところが大きい。
　P-F スタディについての，または P-F を用いたこれまでの 40 年以上にわたる研究には多くの方々が貢献している。特に筆者の実験室で著しい貢献をしていただいたのは次のような方々である。Stuart Adelman はアルファベットの筆頭というだけでなく，ごく最近まで大きな援助をいただいたということで最初に名前をあげたい。その他 Robert B. Bell, Stephen H. Braun, Helen Jane Clarke, Edith E. Fleming, David J. Ludwig, Esther Lee Mirmow, Seymour B. Sarason などである。これらすべての方々やここでお名前をあげていない方々も，本書で取り上げた文献に著者または共著者として掲載されている。
　アメリカ以外の研究で，それぞれの国や文化にふさわしい P-F の適用や標準化と多くの研究で多大な貢献をされた研究者をあげると以下のとおりである。フランスの Pierre Pichot と Charles Kramer, ドイツの Erna Duhm, イタリアの Franco Ferracuti と Rodolfo Nencini, スウェーデンの Ake Bjerstedt, スイスの Udo Rauchfleisch, アルゼンチンの Nuria Cortada de Kohan, ブラジルの Eva Nick, インドの Udai Pareek, 日本の林勝造と一谷彊などの方々である。
　各種の学校，診療所や病院，裁判所や刑務所，企業や産業などの多くの研究対象となった方々やそのお世話をいただいた方々にも謝意を表したい。秘書として惜しげない援助をしてくださった Lorraine M. Constantine に感謝している。
　次の研究誌から論文の引用や再掲について許可をいただいた。*Aggressive Behavior, Journal of Clinical Psychology, Journal of Personality Assessment*。特に *Journal of Personality Assessment* の編者である Walter G. Klopfer 夫妻のご厚意を記しておきたい。
　私の友人でワシントン大学オリン図書館の主任司書である Kenneth L. Nabors の専門的で惜しみないご援助にお礼を申し上げたい。

# CONTENTS

原著者の序……*i*
原著者の謝辞……*iii*

## 1部　P-Fスタディの現況

### 1章　概観：攻撃行動とその査定 …… *003*
1．攻撃の定義……*003*
2．査定法としてのP-Fスタディ……*007*
3．P-Fスタディの概要……*009*
4．理論的背景：P-Fスコアリングの基本的構成体……*010*
　（1）フラストレーション理論
　（2）アグレッションの構成体
　（3）解釈
5．実施法と問題点……*015*
6．標準化とその他の研究……*019*

### 2章　再検査信頼性 …… *021*
1．スコアリングの様式……*021*
2．信頼性の問題……*022*
3．成人用の信頼性……*024*
　（1）P-F研究プロジェクトの結果
　（2）その他の再検査信頼性研究
4．青年用の再検査信頼性……*028*
5．児童用の再検査信頼性……*029*
6．結論……*029*

*iv*

## 3章　構成的妥当性 ……………………………………………………… *031*

1．妥当性の問題……*031*
2．妥当性の実証法……*032*
3．P-F 構成体の発展……*034*
　（1）発達的証拠
　（2）首尾一貫した概念パターン
　（3）因子分析
　（4）行動水準
　（5）実験的フラストレーション
　（6）P-F カテゴリーと生理反応
4．結論……*051*

## 4章　基準関連および実用的妥当性 ……………………………………… *053*

1．他のテスト基準との比較……*053*
2．継続的臨床予測……*055*
3．集団差……*056*
　（1）犯罪・非行
　（2）スポーツ選手
　（3）性差
4．実用的妥当性……*063*
　（1）企業・産業
　（2）学校
　（3）裁判所・刑務所
　（4）病院・診療所
　（5）文化
5．結論……*074*

# 2部　歴史と研究ガイド

## 5章　歴史的概観 …………………………………………………………… *079*

## 6章　研究の分野別ガイド：P-F の文献索引 …………………………… *083*

1．ガイドライン……*084*
2．分野別分類……*085*
3．引用索引……*087*

*v*

# 3部　引用文献

引用文献……*099*
補遺……*152*

人名索引……*155*
事項索引……*159*

訳者あとがき……*163*

原著者紹介……*166*

　　　　　　　　本文中の＊は原著にある注を，◆は訳者注を示す。

# 1部
# P-Fスタディの現況

# 1章

# 概観：攻撃行動とその査定

## 1 攻撃の定義

　心理学者による攻撃についての最近の論議には，2つの誤った見解がみられる。1つは攻撃を敵意（hostility）または破壊性（destructiveness）と同一視することである。この見解は，攻撃を主張的行為（assertive action）と考える常識と本質的に一致する広義の概念を無視している。解決すべき問題があって，それに対処しようとする際に，人は建設的あるいは破壊的に主張的行動をとる。すなわち，他人あるいは他人の物を損なわずに問題が解決された場合は建設的であり，損害を与える場合は破壊的である。たしかに，ときには建設的解決の達成が，相手にとって自分の利益を損なうようにみえることもあるが，そのように解釈されたにしても，行動自体が本質的に影響されることはない。とにかく，一方では，他人に対して明らかに，まったく脅威を与える意図のない建設的な主張の行為の例もあるが，また一方では，意図的に他人や他人の物に損傷を与える例もある。あいまいな中間的な例があるからといって，攻撃が単に敵意や破壊性を意味するのではないという，この広義の概念の明確な特徴をあいまいにすべきではない。ここで用いるのは，この広義の概念である。

　もう1つの誤った見解は，攻撃を引き起こす先行のフラストレーションの役割についてである。ここで，攻撃が破壊的であるということに関して，再び広義の概念的基盤に触れなければならない。なるほど，フラストレーションは敵意や破壊的攻撃を引き起こすかもしれないが，敵意的な攻撃の原因をこのような先行のフラストレーションに限定することは，今日の知識からみて正しいとはいえない。少なくとも，敵意が独自に生じることを示すいくつかの証拠がある。しかし，この見解はすべての行動研究者たちが等しく認めているわけではなく，攻撃を引き起こすフラストレーションの役割に関して，注目を引くのにふさわしいだけの明らかな意見の相違がある。そして，フラストレーションは一次的（要求が存在するという単なる事実），または二次的（目標指向行動が

最終段階に至る途中で何かの障害によって妨害される）と考えられるので，フラストレーション自身が問題場面を規定しているとみなすことができる。

結局，ある問題によって発生したとみなされる攻撃は，一般にある形の主張的ないし対処的な行動をとり，実際にはそれは建設的なこともあれば破壊的なこともある。攻撃はそこでも，もはや否定的とか敵意的なものとは断定できないし，敵意そのものもフラストレーションの先行状態を必須の条件とするわけではない。

このような立場から，攻撃の一般的定義をここで行なってみよう*。行動に関する多面的レベルのアプローチから，攻撃は次のような事項を含むと考えられる。①適切な生活状況を維持するための一般的な主張性，②このような行動を支える神経機構，③これらの行動を媒介あるいは促進させる生理的条件。第3の事項は，化学的調合品（薬品）の効果を観察することによって一般に研究される。第2の事項は，脳への刺激や除去によって研究される。さらに，観察できる顕在的行動に関する第1の事項は，攻撃のあらゆる側面にとっての基礎であり，ここでの議論の中心になる最大の媒介変数である。

*本節の以後の部分は，国際攻撃学会の第1回大会（カナダ・トロント市，1974年8月18日）で，攻撃の定義に関するワークショップの話題提供として最初に発表されたものである（Rosenzweig, 1977a 参照）。今回の改訂は内容的には同じであるが細かいところの修正がなされている。

攻撃の一般的な意味としての主張性（assertiveness）を説明するにあたって，まず注意しなければならないことは，「攻撃（aggression）」という語が日常生活ではなお広義の意味で使用されているものの，多くの専門的な討議では否定的な意味しかもたないようになったことである。否定的攻撃の特徴を表現するのに「敵意（hostility）」や「暴力（violence）」の用語があるので，攻撃行動はより広義の意味をもつと考えてもよいと思われる。したがって，主張性を攻撃の本質的な構成要素とみなすというのが筆者の考えである。攻撃とは，目標達成や障害克服のために前方に向かって歩を進めたり，移動していくというのが一般的な意味であり，主張性に由来する攻撃は，達成されるべき目標に関して潜在的に建設的な行為を含んでいるといえる。しかし，このような行為に用いられる方法は，定義上は中性のままである。そこでさらに，その方法が建設的（constructive）——他人や物に損害を与えたり，傷つけたりしない場合——か，破壊的（destructive）——行動によって他人や物を傷つけたり，破壊したりする場合——のいずれかになる。これからも建設的攻撃と破壊的攻撃

1章　概観：攻撃行動とその査定

とを区別していくつもりである。

攻撃に関する知識の現段階として，研究者間のコミュニケーションを促進し，研究活動における混乱を起こさないように，攻撃についての一致した定義が必要である。さらに，この時点での定義は外延的でなければならない。すなわち，行動が生ずる生活場面によって規定され，認知できる行動の形態に定義の焦点をあてねばならない。このアプローチは明らかに顕型的であるが，学問が成熟した段階では，より元型的な定義が可能であろう。

次に，分類によって定義の問題を引き続き検討する。分類は必ずしも刺激を厳密に定義しようとするわけではない。ここで示されるように，状況は非常に正確であり，少なくとも現在の知識からみて，きわめて合理的に表されていると思われる。攻撃を引き起こす原因は，それが刺激とみなされようが状況とみなされようが，いかなる場合でも，その時点での個人の独自の（個性力動的）要求を反映することが，おそらく最終的には明らかになるであろう。

科学的文献にみられる，攻撃が生ずる生活場面には次のようなものがある（表1参照）。

1) **欠乏**（privation）：(a) 生存要求のフラストレーションと，(b) 内的（心理内的）葛藤によって生じたフラストレーションである。前者は苦痛や障害から逃れる安全要求や，空気，食物，水，性的表出，親としての行動などの要求に対する妨害である。後者はフラストレーションが2つの相反する要求間，たとえば性的反応の要求と，安全あるいは不可侵の要求（苦痛，羞恥，罪悪感から逃れる）との間で生ずる葛藤である。このような葛藤を「欠乏」として分類するのは，このような条件下にある個人は，「心の安定（peace of mind）」——比較的緊張のない状態——とか，葛藤以前の状態あるいは葛藤のない状態が失われるという事実があるからである。この種の葛藤は，次の下位分類で考察される社会的葛藤のタイプと混同しないように念のため述べておく。

表1　攻撃の顕型的状況

| 欠乏<br>(privation) | 葛藤 (conflict)<br>〈社会的 (social)〉 | 犠牲化<br>(victimization) |
|---|---|---|
| 生存欲求の<br>フラストレーション | 状況—特定的闘争 | 捕食者—被食者関係 |
| 内的（内因性）葛藤による<br>フラストレーション | 支配のための集団内闘争 | 本質的破壊行為 |
| 反応：要求—固執的<br>生態—防衛的 | 解決：建設的／破壊的 | 発生起源：派生的／本性的？ |

*005*

2) 葛藤（conflict）〈社会的〉：ここには，ある時点における特定の食物供給や生活空間などにかかわるライバル間の闘争が含まれる。ここで，結果としての不満足状態は分類1と同じかもしれないが，満足を得る方法のうえで，外的な競争相手が存在するかどうかにその違いがある。グループ内での優位な地位（階層の優位性や家族構成）を比較的永続的に守ろうとすることから生ずる事態は，このような特定的状況の闘争に含まれる。

欠乏（フラストレーション）に対する反応は，葛藤の解決が建設的（constructive）か破壊的（destructive）とみられたように，要求固執か生態防衛とみることができる。もちろん，これらすべての行動が攻撃の形態である。建設的攻撃と破壊的攻撃との相違点は，それぞれ要求固執（妨害の存在にもかかわらず，ある要求によって生じた活動が目標に向かって続けられる）と自我防衛（妨害によって生じたフラストレーションの行動が敵意になる）としてすでに述べられた。このような敵意は外部の外的な世界（他人や物）に対して向けられた場合は，「他罰的（extrapunitive）」という。また，内部の自己に向けられた場合は，「自罰的（intropunitive）」と名付けられ，さらに融和的な方法でどこにも向けられない場合は，「無罰的（impunitive）」とよばれる。しかし，ここでは自我防衛（ego-defense）という用語を生態防衛（etho-defense）に置き換える。その理由は，動物行動学が研究しているような方法で，行動の全体構造の防衛について記述したいからである。このように命名することによって，自我や自己の概念が適切かどうか明らかでない下等動物の行動にまで敵意的タイプの攻撃の適用範囲を広げることができる。しかし，要求固執と生態防衛との間には，本質的にフラストレーションや葛藤に対する建設的な解決か，破壊的ないし敵意のある解決かという違いがある。

しかしながら，最初の動機は建設的であっても，他人の要求が障害となっている場面では，要求固執が破壊的になる場合もあることに注意しなければならない。言い換えると，ある要求固執がそれと対立する別の要求固執に直面した場合には，要求固執が何らかの敵意や破壊性を生じるような葛藤になることがある。つまり，建設的な攻撃と破壊的な攻撃が混同されやすい顕型的場面のタイプがまさにこれにあたる。ある人の立場から（主観的に）建設的な要求固執とみたことが，別の立場からみると，敵意的でないにしても自己の要求満足にとらわれた，手に負えない敵対者にみえることもあるだろう。

葛藤〈社会的〉に関して，破壊的解決は，場面を敵との争い——他者を破壊し，傷つけ，辱めるに違いない相手との争い——とみなす。建設的な解決においては，場面は相互の利益をもたらすように解決できる共通の場面——協同的

多様性の利点を生かした利益——とみなされる。このような建設的解決は，多くの動物の世界にみられる。そこでは，社会的機構を促進させ，さらにグループ内の緊張を和らげ，日々の生活における協調を助長するために，支配階層が確立されている。このようなグループ内における儀式的支配的行動の多くは，建設的な葛藤の解決がグループ成員を傷付けることを減少させ，グループ機能の効率を高めることを実証している。

3) **犠牲性**（victimization）：これには2つのタイプの場面がある。最初は一方の生物が被食者すなわち犠牲者で，もう一方が捕食者である。野性の世界では，捕食者-被食者の関係は生存によって動機づけられており，自然の条件下では，ある生物は他の生物を破壊したり，食することによってのみ生きていくことができる。このような環境下で生じる攻撃は，生存要求のフラストレーションによって動機づけられているので，欠乏に併合される。犠牲性には第2の下位分類があるが，そこでは生存的側面はそれほど明瞭でない。ここでの犠牲者は純然たる破壊性の犠牲者であって，攻撃は破壊行為のバンダリズム（vandalism）に相当すると思われる。このようなバンダリズムは捕食者-被食者関係に含まれることもあるだろう。つまり，ただちには理解できない様式で，すなわち系統発生的または個体発生的な短絡によって，捕食者-被食者関係から派生するだろう。しかし，ここで試みられた派生という考えに異論を唱え，観察されたバンダリズムは，本来固有の生得的な基盤に基づいて存在する，と主張する学者もいるだろう。

# ▶2 査定法としての P-F スタディ

攻撃全体からみると，ローゼンツァイク・P-F スタディは，その範囲が限定されている。ここで述べるように，P-F スタディは表1で示した顕型的状況の最初の2つの分類，すなわち欠乏と葛藤にかかわっている。さらに，P-F は言語的手段によってこれらの場面に対する反応，つまり言語的刺激に対する言語的反応の仕方を探究しているのである。明らかに，P-F は査定の可能性に関してこのような限界があり，この限界のあることが，研究者が直面している信頼性と妥当性の問題の1つとなっている。しかし，たとえ P-F にフラストレーションの名称が付けられていても，フラストレーションは必然的に攻撃に至るとか，攻撃にはフラストレーション状態が必ず存在する，という仮説に立っているわけでないことを最初に注意しておきたい。

筆者のフラストレーション問題に関する最初の論文（Rosenzweig, 1934b,

1938b）は，周知のエール学派によるフラストレーションと攻撃に関するモノグラフ（*Dollard, Doob, Miller, Mowrer, & Sears, 1939*）に先んじている\*。さらに，筆者の理論は，いくつかの重要な点でエール学派の理論と異なっている。その1つは，筆者の理論は外部および内部に向けられた敵意の他に，非敵意的な無罰を含んでいることである。エール学派の理論では，攻撃の結果をすべて敵意的とみなしている。さらに，筆者の理論はフラストレーションの結果を建設的（要求固執）と破壊的（自我防衛）の双方を含む，と広義に定義している。しかし，この後者の分類が明確な叙述に至るまでに多少の年月を要したことを述べておきたい（Rosenzweig, 1941）。

\*イタリック体の著者による文献は，補遺として巻末に記載されている。

P-Fスタディは実験的研究の結果から生まれたものであり，たとえば，抑圧のような臨床的に生まれた精神分析的概念を，より明確化することをもともと目的としていたものである（Rosenzweig, 1937a, 1960 を参照）。この研究から力動的理論が生まれたのであるが，そこではフラストレーションがきずなとして役立った。多くの精神分析的概念と違って，フラストレーションは，臨床的な関連性をもちながら，またより広く日常行動との関連をもちながら操作的に定義できる。

P-Fスタディは *Galton*（*1879-1880*）と *Jung*（*1918*；原著，*1906*）の言語連想法と，*Morgan & Murray*（*1935*）の主題統覚検査（TAT）を結合した半投影法（semiprojective technique）である。より本質的には，P-Fは人間行動の精神力動に対する3つの基本的なアプローチ，すなわち組織的研究，精神測定法，臨床的洞察の収斂を代表するものである。P-Fにとって組織的研究とは，普遍的あるいは法則定立的な基準，たとえばアグレッションの型と方向の原理に焦点を合わせた実験的な精神力動を意味している◆。精神測定的方法とは，集団一致度（GCR）とP-Fのアグレッション・カテゴリーの集団的基準のような，集団または統計的基準を設けるための統計的分析を意味している。臨床的洞察は，個人の反応記録の吟味から出される反応転移といった個性力動の分析から行なわれる。被検者の個性力動は被検者によって表現され，経験のある検査者によって反応記録から読み取られるのであるが，このような方法によって，P-Fはこれら3つの基準を操作的に一体化するのである（Rosenzweig, 1951a, 1958）\*。

◆ "aggression" は一般に「攻撃」と邦訳されているが，Rosenzweig は「主張性」という広い意味で P-F に適用している。日本版 P-F スタディでは原語のまま「アグレッション」の語が当てられていることもあるので，特に P-F に関連して "aggression" が用いられているときは，以後「アグレッション」と表現する。

＊これに関連して，個性力動的（idiodynamic）という言葉と個性記述的（idiographic）という言葉を混同しないように，明確にしておかねばならない。個性記述は一般的に個人およびその特性（traits）のアプローチで，法則定立的（nomothetic）と対比しており，対象とする世界ないし母集団における人数の大きさを強調している。個性力動は個性界，すなわち，ある個人に起きる出来事（events）の世界に関することで，独自の基準をもっている。したがって，主要なのは特性ではなくて基準であり，個性力動的な基準に対して，集団的基準〈人口統計的〉およびその個人がかかわっている全体界の基準〈法則定立的〉が加わることになる。

# 3 P-F スタディの概要

　ローゼンツァイク絵画欲求不満（P-F）研究――完全な名称は，フラストレーションに対する反応を査定するための絵画連想法――は，正常および異常な適応に広く適用できる，日常のストレスに対する反応パターンを明らかにするための制限投影法である（Rosenzweig, 1945）。これには3種類の形式がある。すなわち児童用―― 4～14 歳，青年用―― 12～18 歳，成人用―― 18 歳以上である。このテストの内容は，24 個の漫画風の絵から成っており，それぞれの絵は日常の対人関係の中で経験されるフラストレーション場面が描かれている，自分で実施する冊子（答は空欄）として被検者用に提示される。各場面の左側の人物は，同じ場面の右側の人物がフラストレーションを起こしていることをはっきりさせるために，実際にフラストレーションを起こさせるような発言をしている。右側の人物の上には，すべて空欄が設けられている。人物の表情や，その他の何かその人物の特徴を表すような表現は，投影的な性質を高めるために意図的に省略されている。被検者は 1 つずつ場面をよく見て，右側の人物が答えると思う最初の答えを，右側の人物の頭上にある空欄（吹き出し）の中に書き込むように教示される。場面の一部は自我阻害場面で，ある障害が人為的または非人為的に右側の人物の邪魔をしたり，失望させたり，奪ったり，直接妨害したりしている。残りの場面は超自我阻害場面で，右側の人物が左の人から非難されたり，侮辱されたり，責任を追及されたりしている。

　P-F を上手に使いこなすには，児童用，青年用，成人用の 3 つの形式に共通する基本手引（Basic Manual）の内容に精通することが必要である。この基本手引きは P-F の理論的背景，信頼性，妥当性に関する簡単な説明が記載

されている。その他に，各年齢版の別冊手引（増補版）が準備されており，この中には，標準化，スコアリング例，基準，解釈の指針となる実例が記載されている。

##  理論的背景：P-F スコアリングの基本的構成体

　P-Fスタディは，フラストレーション理論の原理から理論的に考案されたものである。技法的な面からみると，ある程度投影的な方法によっている。形式的には，P-Fの場面はかなり構造化されているのでTATのような投影法よりも自由度は少ない。得られた反応は範囲も狭くて内容も簡単である。したがって，P-Fは制限された半投影法とよばれることもある。このP-Fの，範囲が制限されているという特徴が，客観的，統計的な基盤に基づいて結果が処理できる利点ともなっている。このようなことから，P-Fはフラストレーション理論と投影法の概念的な基盤の双方を研究する方法として，パーソナリティ研究者たちの関心を集めた。

### (1) フラストレーション理論

　成長への刺激として，フラストレーションはすべての行動の要因である。異常な条件のもとでは，病気の原因や内容にとってストレスが重要であるとは認めにくいだろう。しかし，すべてではないにしても，ほとんどの創造的活動に特別な形でフラストレーションが関係している。したがって，個人に及ぼすフラストレーションの影響を評価するのに役立つテストは，当然のことながら多くの関心を集めた。

　フラストレーション理論は，有機体を統一体と考えている。この理論は，フラストレーションを中心的な概念として採用し，心理力動論から生まれた多くの洞察を操作的，実験的な用語で整理することによって，この考え方を実行に移している。この理論は3つの心理生物学的防衛水準を仮定している。すなわち，細胞または免疫学的水準，自律的または危機的水準，中枢的または自我防衛的水準である。正常な行動と異常な適応行動の鍵は，有機体の統一した機能内での，これら3つの水準間の相互関係にある。正常，異常，および優れた行動に対する一般的アプローチは，以前に示した経過であるフラストレーション-成長-創造という一連の形ですでに触れている。

　フラストレーションは，要求満足の過程で障害や障害物に出会ったときに必然的に生ずるものである，と定義される。しかし，この定義はその前提として，

*010*

すべての行動的反応は緊張に伴う最小限のいらだち（一次的フラストレーション）に対する反応であることを仮定している。緊張は日常行動のプロセスに本来備わっているものである。すでに述べたように，均衡を破って何か特別な努力を払わなければならないほど障害がはっきりしている場合は，一時的に緊張が増加する。行動の記述のところで触れたように，フラストレーションは，一般にこの二次的または外因的なものである。フラストレーション理論においては，このような外因的ストレスによって何らかの形の攻撃が生じる，と考えている。

## (2) アグレッションの構成体

P-Fにおけるフラストレーション場面での被検者の反応を明確化するために，各反応は2つの主要な表題，すなわち，アグレッション方向とアグレッシ

表2　フラストレーション反応の構成

| アグレッション方向↓ | アグレッション型 | | |
|---|---|---|---|
| | 障害優位<br>(O-D) | 自我防衛 (E-D)<br>(生態防衛) | 要求固執<br>(N-P) |
| 他責<br>(E-A) | E'（他責逡巡）：フラストレーションの障害を強く指摘する。 | E（他罰）：非難，敵意などを周囲の人や物に向ける。<br>E：Eの変型で，自分に向けられた非難に対しての責任を攻撃的に否認する。 | e（他責固執）：フラストレーション事態の解決を，誰か他の人に強く期待する。 |
| 自責<br>(I-A) | I'（自責逡巡）：フラストレーションの障害を，フラストレーションではないとか，ある意味でかえってよかったとみなす。ある場合には，他の人にフラストレーションを起こさせたことに当惑する。 | I（自罰）：責任，非難などを自分自身に向ける。<br>I：Iの変型。自分の罪を認めるが，避けられない事情があったと，一切の根本的な過失を否認する。 | i（自責固執）：通常は罪悪感から，自分で問題解決をするために償いをする。 |
| 無責<br>(M-A) | M'（無責逡巡）：フラストレーション場面の障害を，ほとんどなかったかのように軽視する。 | M（無罰）：フラストレーションの責任が一切回避され，事態は避けられなかったとみなす。特にフラストレーションの原因になった人を許容する。 | m（無責固執）：時間や普通に予期される状況が，問題解決をもたらすことを期待する表現。忍耐や同調が特徴である。 |

ョン型によってスコアリングされる（表2参照）。アグレッション方向は次の3つである。他責（Extraggression: E-A）——アグレッションが環境に向けられる。自責（Intraggression: I-A）——アグレッションが被検者自身に向けられる。無責（Imaggression: M-A）——フラストレーションをうまく繕おうとしてアグレッションがはぐらかされる。簡単に言い換えると，他責はアグレッションを外に向け，自責は内に向け，無責はそらすということになる。アグレッション型は次の3つがある。障害優位（Obstacle-Dominance: O-D）——反応の中でフラストレーションの原因である障害を強調する。自我または生態防衛（Ego or Etho-Defense: E-D）——有機体の統合力によって専ら個体の完全な状態を守ろうとする。要求固執（Need-Persistence: N-P）——フラストレーションを解決するために，障害を乗り越えて目標を追求しようとする傾向。

「自我防衛（ego-defense）」（初期のP-Fで用いていた）の代わりに，「生態防衛（etho-defense）」の用語にしたほうが好ましいと考えられる。というのは，この用語によって人間以外の有機体の構造化された行動が損なわれないための防衛を含むことができるからである。もちろん，生態防衛だけでなく，障害優位や要求固執（おそらく3つの攻撃方向も）の分類も，人間以外に適用できることはいうまでもない。

各P-F場面の反応をスコアリングするために，6個のカテゴリー（category）の組み合わせから9個のスコアリング因子（scoring factors）——これに2個の特殊因子EとIが加わる——が設けられている。これらの因子は実際のスコア分類に用いられる。しかし，カテゴリーはP-Fスタディの基本的構成体であり，心理学的な解釈や信頼性，妥当性の査定にとってスコアリング因子よりも基本的なものとみなされる。カテゴリーと因子の基準はそれぞれ別に設けられている。

P-Fの構成体は，パーソナリティのタイプ（または特性）を意味するのではないことに十分注意しなければならない。それは誰にでもみられる反応や行動のタイプを仮定しており，投影法で得られた言語反応のサンプルによって，被検者が用いる特徴的な（必ずしも永続的とか普遍的とは限らない）反応タイプを査定しようとしているのである。

さらに，P-FおよびP-Fの元になっている構成体におけるアグレッションが，必ずしも否定的な性質でないことを再確認しておきたい。要求固執は建設的（constructive）〈時には創造的〉な攻撃の形態であり，一方自我（生態）防衛はしばしば破壊的（destructive）〈他人や自己に対して〉であることを意味している。多くの攻撃の理論において，この区別が見過ごされて，実際に攻

撃が敵意や破壊性と同じ意味で用いられているので，特にこの点が強調されなければならない。精神分析学や他の心理学的概念として用いられているものよりも，普段日常で用いられている言葉のほうが，P-F スタディがよって立つ攻撃（aggression）の広義の解釈に近い。

しかし，要求固執が絶対的に善であることもなければ，あらゆる環境下で建設的であるとは限らないことにも注意しなければならない。行動を起こした当初は，被検者にとって建設的としか思えなかった行動が，他人の要求が障害となっている場面では，破壊性を伴う葛藤となることがある。要求固執がそれに対抗する要求固執に出会うと，建設的攻撃と破壊的攻撃との区別がはっきりしなくなる。そのような状況における行動は一方の立場から，あるいは双方の立場から敵対的とみられる。特に要求固執反応が著しく多いときは，P-F の解釈をする際に，先に述べた可能性があることを考慮すべきである。

個々の反応は，反応の言語表現に従って1つか2つの因子にスコアされる。スコアは記述的分析のみに基づくことになっているので，深い解釈をすべきでない。P-F の手引にあるスコアリング例を利用すれば，スコアの判断に役立つ。各場面の反応がスコアされたら，記録票を整理する。次に，各場面のスコアがスコアリング因子ごとにまとめられ，被検者のプロトコルに表れる6つのスコアリング・カテゴリーの比率が計算される。さらに，特定の場面に設けられた「集団一致度（Group Conformity Rating: GCR）」は，標準化で用いた健常群の典型的な反応に対して，被検者の反応がどの程度一致しているかをごく大まかに示すことができる。個人の反応の中でどの因子の反応数が多いかを要約して，そのパターンも記録する。最後に，P-F スタディに反応していく途中で，フラストレーションに対する反応をどのように変容させたかを示すために，「反応転移（trends）」が計算される。ここで検査者は，被検者自身の「前半の反応に対する反応」に注目する。たとえば，初めのうちは何のためらいもなく他罰反応を出したが，後半で自罰反応を増加させたのは罪悪感を示しているためだ，というように。各場面のスコアリングと記録用紙の整理法のやり方については，手引やその他の文献にある具体例を参照されたい（Rosenzweig, 1945, 1950g, 1960, 1977a, 1978b; Rosenzweig & Kogan, 1949）。

P-F スタディを正しく用いるには，スコアリングの正確さが必要であることはいうまでもない。臨床的な目的で使用するには，検査者が各スコアリング分類について熟知すること（もちろん，実際の反応記録をスコアしてみることが有効である），およびすべての3種の形式（または年齢版）の全場面について記載されているスコアリング例を丹念に検討することによって，スコアリン

グの技術を養うようにすれば十分である。手引の標準的なサンプルに対して，実際に出てきた反応を当てはめることによって，ほとんどの反応は正確にスコアできる。残りの反応は，検査者が自在にスコアできるようにスコアリングの構成体をよく理解することによって判断できるだろう。しかし，重要な研究目的でP-Fを使用する場合は，十分なスコアリングの信頼性を得るために，1人で行なう整理法は次のように修正しなければならない。簡単で有効な方法は次のとおりである。すなわち，P-Fについて経験のある2人以上のスコアする人が，それぞれ独立して別個に記録用紙にスコアを記入する。各検査者は，当然のことながら上に述べた個人整理法によってスコアして，スコアされた2組の結果を照合する。もし検査者が十分な資質を備えていて，丁寧にスコアすれば検査者間のスコアの約80％は一致するだろう（Clarke, Rosenzweig, & Fleming, 1947）。次に，一致しなかった残りの3～5個の場面を抜き出して協議する。この手続きを用いることによって，最終的に一致したスコアが得られるはずである。この方法は，現在活躍中の2人以上の研究者たちの協議によって集められた標準化のスコアリング・サンプルの編集をする際に，初めて用いられた方法に基づいている。われわれの実験室で行なわれた最近のほとんどの研究で，このような手続きが用いられている。

## (3) 解釈

　P-Fスタディは，経験的に得られた基準を参照しながら，フラストレーション理論の概念（すでに述べたが）に沿って解釈される。一般的原則として，P-Fスタディに書かれたフラストレーションに対するすべての反応は，もともと正常でもなければ異常でもなく，中性であることをはっきりと確認しておかねばならない。投影的反応の妥当性は，場面に対応する実際の状況のすべてを知らなければ決定できない。しかし，被検者の典型的な反応の特徴を知るために，現実的な条件統制のない自由に反応できる状態で，投影的に得られたものとして，被検者のスコアを集団基準と比較することができる。この正常さの社会的基準は，GCRおよびP-Fのカテゴリーとスコアリング因子の標準値に示されている。標準化集団との一致が健康な適応の1つの基準と考えられる。

　しかし，社会的基準はP-Fスタディに含まれる唯一の基準でないことに，重ねて注意しなければならない。全プロトコルの解釈は，いろいろな量的スコアと個人の記録に表れた質的内容との相互関係が吟味され，さらに，正常性についての個性力動的な基準である個人内の体制における独自の精神的経済をも含むものである。このように，P-Fが精神医学的診断によって個人を分類

することよりも，個人のパーソナリティの個性力動的な解釈を提供することに適していることが理解できるはずである（Rosenzweig, 1951a）。

　実施の節で述べる注意と同様に，検査者が解釈する際に，被検者の反応水準を考慮することがきわめて重要である。したがって，最も望ましい臨床的適用としては，注意の行き届いた個別実施法が必要である。検査者の臨床的経験，パーソナリティや心理力動についての知識も検査結果の妥当性に影響することはいうまでもない。P-F が総合的な心理学的診断バッテリーの中に組み込まれた場合は，その解釈は他の資料との比較分析によって，より信頼の置けるものになる。

　おそらく代表的な P-F プロトコルは，被検者のフラストレーションに対する特徴的な反応様式や攻撃に対する傾向を知るのに役立つだろう。いろいろな P-F カテゴリーにおける標準値の基準からずれることは，このような解釈の手掛かりとなる。同様に，GCR の吟味から集団に対する被検者の健全な適応度をみることができる。しかし，最も有効な解釈は，P-F スコアリングの構成要素すべての相互関係を検討することによって得られた解釈であり，とりわけ被検者の欲求不満耐性の解明に役立つだろう。この最後に述べた事柄についての仮説的基準は，（心理治療的）行動変容に関連して検討されてきた。

# ▶5 実施法と問題点

　P-F は個別でも集団でも実施できるが，テストにとって重要な質問ができるといった注意の行き届いた実施ができる点で，個別法が望ましい（Rosenzweig, 1960）。P-F スタディは8ページの検査用紙で，最初のページに教示が書かれている。次の6ページには，それぞれすでに述べたようなフラストレーション場面が4つずつ印刷されている。標準の実施法では，検査者が被検者に検査用紙を渡して被検者と一緒に教示を読む。次に検査用紙を開いて，最初の場面1の刺激語を読み上げて，どのような答えが被検者の心の中で最初に浮かんだかを実例として尋ねる。もし被検者から，「自分ならどう答えるかを書くのですか？」と質問があったときは，検査者は，「その必要はありません」と答える。答えは，被検者が実際に日常場面で言っていることと同じであるかどうかは無関係である。さらに，絵の中の人物が言うだろうと心の中に浮かんだ最初の言葉を書くことになっている，と教示する。被検者が答えを言ったら，絵の中の空欄にその答えを記入するように指示する。実際にやってみることは，被検者に対して各場面の右側の人物が言うと思う最初の反応を記入す

る，という教示を確実にするために重要である。その実際例に続いて，残りの場面を順番に黙って1人で記入するように指示する。すべての空欄に答えが記入されたら，検査者は検査用紙を回収してテストに要した時間を記録する◆。

◆原版には日本版のような表紙の例は記載されていない。場面1を用いてやり方の説明をすることになっている。また，テストの所要時間は原版では原則として記入するようになっているところも日本版と異なる点である。

すでに触れたように，テストはできるかぎり自己実施の記入法で行なうべきである。もし字の読み書きができない人とか，まだ読み書きのできない幼児の場合には口答法が必要であるが，その場合でも，被検者にそれぞれテスト用紙を1部ずつ渡すことが必要である。このような方法を用いれば，標準的方法に最も近い実施法にすることができる。標準的実施法は投影を促進させ，1対1の対面でなされた反応について被検者が検閲することを避けるために，慎重な検討を経て考えられた方法である*。標準的実施法は，普通，8歳以上であればほとんどの児童に実施が可能である。年齢の低い児童に実施する場合，検査者は児童にテスト用紙をみせて教示を読んでやる。P-Fは遊びで一種の「ゲーム（game）」であり，ゲームのやり方はそれぞれの場面で，絵の中の右側の人物が言うと思う最初の答えを空欄の中に書くことだ，と伝える。次に最初のページをめくり，上に述べた方法で実施していくが，検査者は児童（または読み書きのできない成人）が，各場面で答えた言葉をそのまま記入していく。すべての答えは，被検者が見ている目の前で検査用紙に書き込む。しかし，被検者に対してできるだけ自分で読んで書いていくことが望ましいことを伝える。というのは，マッチさせたグループを対象にした実験によると，口答法は儀礼的で好ましい答えをするような心理的作用を働かせる傾向がみられたからである（Rosenzweig, 1951b）。この口答法による影響は，おそらく4～7歳の間ではそれほど目立たないであろうが，ともかく，これらの低年齢では，このような実施法によって基準を作らなければならない。

*映画『時計じかけのオレンジ（A Clockwork Orange）』（Kubrick, 1972）の中で，主役への嫌悪条件付けの治療効果を評価するために，P-F修正法が用いられている。このP-Fの適用について原著者に相談がなく，スライドによる刺激に口頭で答えるという誤った方法が用いられている。この映画の原作では（Burgess, 1963, pp.180-181），医師がP-Fのテスト用紙を用いており，映画のような誤用はしていない。

1章　概観：攻撃行動とその査定

　被検者は，意識的無意識的に，各場面に描かれた右側のフラストレーションを起こしている人物と，自分自身とを同一視すると考えられる。しかし，テストによって得られた投影反応の種類や程度は，被検者の構え——自己教示——による。この自己教示を明らかにするために，また簡単な反応を正しくスコアリングするための手掛かりを得るためにも，検査者は被検者がすべての空欄に記入した後で，質問を実施する。検査者は，記入した答えまたは口述された言葉を被検者に読み返してもらい，その間に検査者は時折非指示的な質問を行なって，答えが簡単すぎたりあいまいであるためにスコアリングが難しい反応について多くの情報を得て，理解を確実なものにする。たとえば，スコアリングに関して反応が皮肉，不機嫌，お説教などの意味合いを含んでいるかどうか，抑揚に注意する*。

　　*この点をはっきりさせるために具体例をあげる。もし被検者が成人用場面1で「気を付けて運転すればよかったのに」と書いている場合，検査者は質問をしなければ実際には正確にスコアすることができない。質問をしなければ，右の人物は多分非難していると考えられるので，EとスコアしなければならないだろうUDE。もし質問段階で，被検者が相手を非難するような強い口調で反応を読み返したとすると，Eが正しいスコアであったことがはっきりする。もし，被検者がどの言葉も強調せずに穏やかな口調で読んで，検査者に「この人（絵の右の人物）は，どのように感じてそう言ったのでしょうか？」と尋ねられて，「この人は，車を運転している人が気を付けなかったのは残念に思っているが，その人を責めようとは思っていない」と答えたとすると，スコアはE；Mになるだろう。また，Mだけのことも（もし被検者の表情などを含めて，全体的行動から確かめられれば）あり得る。一方，被検者が，「車を運転している人が悪い，今度からこのようなことをしないように注意している」と言ったときのスコアはEである。最後に，もし被検者が，「怒ってはいないが，今度からもっと注意するように要求している」と答えたならば，M/eとスコアされるだろう。これらのスコアの変化は，スコアリング・サンプルとは別にあり得ることである。というのは，スコアリング・サンプルは，質問がほとんどなされなかったり，あるいはまったく行なわれなかったときの，一般的指針として用いられることを意図して作成されているからである。他の例はP-Fのマニュアルに記載されている。

　最後に，被検者が絵の中のフラストレーション状態にある人物と，どの水準で同一視しているかを判断する（Rosenzweig, 1950b）。どのプロトコルについても，反応には3つの水準があることを考慮しなければならない。最初は意見（opinion）水準で，被検者は自己批判的に抑制した応答をする。たとえば，一般の自己報告質問紙に答えるようなものである。第2の反応水準は顕在的（overt）水準で，被検者が生活場面で実際に言うことと対応している（一般には，特にこれに反する情報がなければ，P-Fスタディの結果に表れるのは，この顕在水準と考えられる）。最後に，被検者の答えはパーソナリティの暗黙的（implicit）水準であり，潜在的，空想的な水準を反映することもある。ど

*017*

の投影法においても，これら3つの反応水準を確実に見分けることはほとんど不可能であり，P-Fスタディも例外ではない。しかし，テスト終了後に質問を行なえば，どのケースでも，この水準の問題について明らかになることが多い。この目的を果たすために，被検者に対してどのように考えたり，絵の人物を誰だと思って答えたりしたかを質問するときに，「自分だと思ったか」とか，「自分ならこう答えると思って反応したか」などのような，直接的な質問はけっしてすべきでない*。解釈は被検者の構えに関して，このようにして得られた情報に基づいてなされることが望ましいので，特に重要な研究であるほど質問の実施が強く要請される。

*もし質問が適切に行なわれなかった場合は，被検者が自分を守ろうとして，行動水準3ないし2から1へと変えることがあるので，この点は特に重要である。

　9〜10歳になれば，個別法が実用的でないときはグループで実施することができる。しかしこの場合でも，被検者は1部ずつテスト用紙をもってマイペースでテストを受け，テストが済みしだい用紙は回収するが，済んだら手をあげて合図をするようにあらかじめ指示しておく。そうすることによって，個別法と同じように，所要時間をテスト用紙に記入できる。さらに，集団施行が終了してスコアリングをする前に，できるだけ早く各被検者に質問する機会をもつべきである。
　集団実施法について，スライドを使用していっせいに多数の被検者にP-Fを実施するという問題がしばしば生じている。この修正法は明らかに簡便なために魅力があるにしても，理論的な観点からも，またそのような使用法とテスト用紙を用いた標準法とを比較したわれわれの研究結果からも，認めることはできない。理由の1つとして考えられることは，スライドによる実施法では，すべての被検者に対して各場面に同一の時間を与えることが余儀なくされるために，ある被検者にとっては短すぎたり，またある被検者には長すぎたりすることである。これに対して，標準の集団実施法は個々の被検者にテスト用紙が渡されて，すべての被検者が自分なりの速度で個性力動的にテストを受けることができるようになっている。さらに，集団に対して同時に刺激場面を呈示することは，共通の反応を誘発する恐れがある。たとえば，もし2，3人の被検者がスクリーンを見て笑ったとしたら，この笑ったという行動が，必ず集団内の他の被検者に影響を及ぼす。しかしまた，共通の瞬間的な刺激呈示が，ごく微妙な社会的促進効果をもたらすこともある。したがって，スライドによる実

1章　概観：攻撃行動とその査定

施法は，P-F スタディの最も望ましい標準の実施法とは相容れないものであり，容認することはできない*。

*標準 P-F に対する別の修正版として，時折，スコアリングの簡素化と客観性を目的とした選択肢法がみられる。このような手段による研究は，3章で詳細に述べるように，認めることはできない。

## 6 標準化とその他の研究

P-F スタディのスコアリングの信頼性が高いことは，繰り返し示されてきた（約80%である── Clarke, Rosenzweig, & Fleming, 1947）。P-F の再検査信頼性はカテゴリーや GCR で違いがみられるが，総じて相関は有意で，特にアグレッション方向に関するカテゴリーでは高いことが実証されている（Rosenzweig, Ludwig, & Adelman, 1975; 本書2章を参照）。

妥当性（構成的，基準関連，実用的）の大部分は，成人用と児童用について多くの研究がなされてきた（Nencini & Misiti, 1956b; Pichot & Danjon, 1955）。研究者によって評価はまちまちであるが，大部分の結果は，他のほとんどの投影法よりも良好な結果を示している。これは当然のことながら，P-F は比較的客観的にスコアでき，各年齢や質的な条件に対する統計的基準が利用できるということが，ある程度その理由となっているだろう（Bjerstedt, 1965）。P-F の実用的妥当性については，行動問題（Davids & Oliver, 1960），心身症（Guyotat & Guillaumin, 1960），犯罪と非行（Kaswan, Wasman, & Freedman, 1960; Rauchfleisch, 1973; Rosenzweig, 1963），学校適応（Roth & Puri, 1967; Spache, 1954），職業選考（Guion & Gottier, 1965; Van Dam, 1970），その他の対人関係（Grygier, 1954）などの研究が行なわれている。P-F の妥当性に関する研究のレビューも発表されている（Rosenzweig, 1960; Rosenzweig & Adelman, 1977）。

青年用は3つの形式の中で最も新しいものであり，これを用いた研究は，青年期のフラストレーションに対するアグレッション反応に性差がみられることを実証している（Rosenzweig, 1970a）。仮説のうえでも考えられたことであるが，児童用で，アグレッションの型と方向が発達的に衝動的な構えから統制された精神的構えに変化することは，注目に値する（Pareek, 1964; Rosenzweig, 1977a）。しかし，他の最近の研究結果によると，これらの変化の様子は文化によって異なっている（Adinolfi, Watson, & Klein, 1973; Saito, 1973）。

# 1部　P-Fスタディの現況

　P-Fは世界各国で用いられ，標準化されている。英語版（アメリカ）と同様に，フランス，ドイツ，イタリア，ポルトガル，スペイン，スウェーデン，インド，日本などでは，児童用や成人用でそれぞれスコアリング例と基準が作られており，標準化されたものを用いることができる*。したがって，P-Fが文化交差的研究のためのテストとして使用できることは明らかであり，すでにそのような研究もみられる（4章参照）。

　＊ここで引用したマニュアルは次のとおりである。フランス（Pichot & Danjon, 1956; Pichot, Freson, & Danjon, 1956; Kramer & Le Gat, 1970）；ドイツ（Hörmann & Moog, 1957; Duhm & Hansen, 1957）；イタリア（Ferracuti, 1955a, 1955b; Nencini, Banissoni, & Misiti, 1958; Nencini & Belcecchi, 1976）；ポルトガル（Nick, 1970）；スペイン（Cortada de Kohan, 1968）；スウェーデン（Bjerstedt, 1968a, 1968b）；インド（Pareek, Devi, & Rosenzweig, 1968; Pareek & Rosenzweig, 1959）；日本（Hayashi & Sumita, 1956, 1957）。その他，大集団による標準的データがアフリカのコンゴ，フィンランド，シシリア，オランダの児童で得られているが，データが正規の手続きで得られていないために，平行の改訂版として得られた基準と比較できないので，引用していない。

# 2章

# 再検査信頼性

　投影法の信頼性は，心理学的測定の分野で最も当惑させられる問題の1つである。問題の根は，心理測定的テストに適用される信頼性の基準，特に項目の等質性を投影法にそのまま適用しようとすることにある。この種の基準は，投影法では被検者の個性力動的な反応パターンが得られるだろうという仮説に基づいて，刺激項目を意図的にバラエティをもたせて呈示している事実を考慮していない（Rosenzweig, 1951a）。さらに，投影法が被検者の重要な特徴を明らかにしようとしているのは，「各刺激項目に対する反応の全体的な流れの形態」（Rosenzweig, 1960, p. 162）によってである。信頼性は内的および直線的な一貫性，または前半と後半や奇数項目と偶数項目の均一性を仮定しており，その考え方は投影法やP-Fのような半投影法の場合でも，基本的な性質に反するものである。

　*Guilford*（*1950, p. 484*）はこの考え方を支持している。アメリカ心理学会（APA）の『教育・心理テストと手引の基準』（*1966*）は，次のような言葉で始まっている。「ここで呈示される要請は，心理測定的な性質にとって必要なことであって，必ずしも投影法のすべての使用者に適用するものと考えるべきでない」（p. 4）。しかし，個性力動的解釈はある程度統計的な基準に基づいてなされることがあるので，心理測定的な基準は条件付きで投影法に適用されるべきである。

　本章は，P-Fスタディの信頼性に関する研究を編集したものである。分散分析法，折半法，再検査法を概観し，それらの相対的な有効性を評価しながら，投影法に対して一般的に適用される信頼性の測定法について検討する。

## 1 スコアリングの様式

　P-F反応のスコアリングで用いられる記号の名称については，すでに1章で述べたが（表2参照），これからの説明の便宜上，6つのカテゴリーと9つのスコアリング因子のスコアリング分類をわかりやすくするために表にまとめ

表3　アグレッションの型と方向（6カテゴリーと9因子）

| 型 (TYPES) →<br>方向 (DIRECTIONS) ↓ | 障害優位 (O-D)<br>(Obstacle-Dominance) | 自我防衛 (E-D)<br>(Ego-Defense) | 要求固執 (N-P)<br>(Need-Persistence) |
|---|---|---|---|
| | 因子 (FACTORS) | | |
| 他 責 (E-A)<br>(Extraggression) | 他責逡巡 (E')<br>(Extrapeditive) | 自 罰 (E)<br>(Extrapunitive) | 他責固執 (e)<br>(Extrapersistive) |
| 自 責 (I-A)<br>(Intraggression) | 自責逡巡 (I')<br>(Intropeditive) | 他 罰 (I)<br>(Intropunitive) | 自責固執 (i)<br>(Intropersistive) |
| 無 責 (M-A)<br>(Imaggression) | 無責逡巡 (M')<br>(Impeditive) | 無 罰 (M)<br>(Impunitive) | 無責固執 (m)<br>(Impersistive) |

て示した（表3参照）。検査者が実際につけるスコアは，スコアリング因子だけであることに注意しなければならない。整理票はスコアリング因子から6つのカテゴリーにまとめるためのものである。しかし，カテゴリーはP-Fスタディの基本的な構成体であり，プロトコルの解釈および信頼性や妥当性を査定するときは，スコアリング因子よりも重要である。

　P-Fの構成体はパーソナリティのタイプ（または特性）でないことを明記しておく。そうではなくて，誰にも適用できる反応または行動のタイプと考えている。P-Fによって出された反応は，被検者の特徴的な（必ずしも永続的とか恒常的とはいえない）反応タイプである。

## 2　信頼性の問題

　P-Fスタディの信頼性を研究している研究者の中には，スコアリング因子の内的整合性を中心として取り上げている人がいる。Taylor（1952）とTaylor & Taylor（1951）は，分散分析法によってP-Fのカテゴリーと GCR の一貫性を検討している。彼らは，GCR はほとんど信頼性がなく，スコアリング・カテゴリーの値は .58 から .10 の範囲にあると報告している。彼らは項目（場面）変動の大きいことが低い信頼性，つまり低い内的整合性の原因であるとしている。Sutcliffe（1955）は，項目分析と相互相関に基づいて，「P-Fは測定法として不十分である」（p. 106）と述べている。これは項目の等質性と特性の一般性がP-Fにみられなかったことを示すデータから出された結論である。その後の批判は，『人間行動の測定』（*Lake, Miles, & Earle, 1973*）でみられる。折半法（奇数と偶数の場面）によって，著者らは，P-Fの信頼性

はアグレッション方向でも乏しく，アグレッション型では事実上信頼性はないと報告している。彼らのデータによると，実際は3つのアグレッション方向すべてに，1％水準で有意な相関を示している（I-Aだけは1つの集団で1％であるが，別のグループでは5％水準で有意であった）。また，アグレッション型では，1つのグループでN-Pが，別のグループでO-Dがそれぞれ5％水準で有意な相関であった。

　Rosenzweig（1956a）は，SutcliffeとTaylor & Taylorの両氏に対して，P-Fスタディのもつ重要な投影的要素を見逃している点を批判した。筆者はパーソナリティのユニークな内的相互関係を明らかにするために，このテストは項目（場面）間の異質性を強調している点を指摘した。P-Fスタディとその他の半投影法は，もともと項目間変動が大きくなるように作られている。この点からみると，Taylor（1952）によって示された内的整合性はむしろ著しく高いといえる。実際に，信頼性にとって重要であるとされている，低い項目変動を狙いとする内的整合性によって測定された結果によると，P-Fに信頼性がみられたのはGCR場面だけであった（Taylor, 1952, p. 152）。GCR場面にはステレオタイプな反応が生じる傾向があり，心理測定的なテスト項目に最も近いものである。それらの刺激項目に関して，P-Fは十分な内的整合性をもっていることを実証している。

　折半法によって信頼性を求めるという一般的に用いられている方法は，投影法に適していないことが多い。というのは，投影法では2分割されたテスト項目に対する反応が同じであるとは考えにくいからである。ロールシャッハのような技法では，図版の継列が重要な変数であり，プロトコルの解釈は，すべての反応が被検者にとってそれぞれ違った意味をもっている，という逆の仮説が大きな根拠となっている。P-Fの折半法では，一貫して高い相関が得られないことと並んで，P-Fの奇数と偶数の場面に対する反応スコアの平均にずれがあることは，一般の知能検査や態度尺度と違って，いろいろなP-Fスタディ場面が被検者にとって同じ意味をもたないように意図して作られているので，違った反応を引き出す傾向を示している。この場面間の等質性の欠如は，P-Fの構成に本来備わったものである。

　もちろん，すべての場面が被検者にとって等価になるような，P-Fに似た尺度を作成することは可能であろう。このような手続きは，TATやロールシャッハのような，もっと複雑な技法の場合でも考えられる（*Hill, 1972; Holtzman, Thorpe, Swartz, & Herron, 1961*）。しかし，このような方法によっても明らかに限界がある。ホルツマン・インクブロットテストは，ロールシャッ

*023*

ハの心理測定的な改良を意図したテストである。このテストは折半法で有意に高い相関がみられるが、この技法でも図版の等質性は最初から考慮されていない。

## 3 成人用の信頼性

### (1) P-F研究プロジェクトの結果

　ここで取り上げる研究は、20数年前にわれわれの研究室で行なわれたP-F研究プロジェクトで、Mirmow（1952b）によって要約された中で少し触れられているが、未公刊であった。しかし、このデータは信頼性の全体的な問題に対して本質的なかかわりと重要性をもっているので、ここで詳細を紹介する。

**対象と手続き**

　2つの健常な対象群が用いられた。第1群は35名の女性の看護学生で、19～25歳（平均年齢は20.4歳）であり、第2群は45名の医科大学生の1年生で、18～38歳（平均年齢は22.8歳）であった。

　P-Fがそれぞれの群で2度実施された。最初は通常の条件であり、2度目は前回の答えと同じになるように意識しないで、できるだけありのまま答えるように、という教示を加えた。1回目と2回目のテスト間隔は看護学生で2か月、医学生は7か月半であった。これら2群の結果の違いは、性差と時間間隔の違いが影響している可能性がある。両群の反応は6つのスコアリング・カテゴリーとGCRで得点化された。このテストが行なわれたときは、GCR場面は12個であった。その後、対象を増やした標準化集団の結果から、GCR場面は16個になった（Rosenzweig, 1967b, p. 60）。しかし初版と改訂GCR間の違いは、研究データから有意差がみられなかった。「GCRの改訂された基準は、それ以前の標準を用いた研究の結論を無効とするものではない」（Rosenzweig, 1967b, p. 60）。

**結果：1回目のテストについて奇偶法による比較**

　**平均**　P-Fの折半法による信頼性は、1回目のテストについて奇偶法による比較で求めた。奇数と偶数の場面でのカテゴリーの平均と標準偏差が男女別に表4に示された。

　これをみると、男性はアグレッション方向で明らかに奇数と偶数の場面間で

表4 P-Fカテゴリー(%)の奇数場面と偶数場面の平均,標準偏差,相関

| カテゴリー | E-A | I-A | M-A | O-D | E-D | N-P |
|---|---|---|---|---|---|---|
| 男性（N=45） | | | | | | |
| 奇数場面 | | | | | | |
| 　平均 | 53.1 | 27.7 | 19.2 | 17.5 | 50.5 | 31.9 |
| 　標準偏差 | 13.5 | 10.9 | 7.4 | 9.4 | 12.6 | 11.2 |
| 偶数場面 | | | | | | |
| 　平均 | 39.8 | 22.8 | 37.3 | 16.6 | 50.1 | 33.2 |
| 　標準偏差 | 16.1 | 10.9 | 12.4 | 8.3 | 16.8 | 14.9 |
| 女性（N=35） | | | | | | |
| 奇数場面 | | | | | | |
| 　平均 | 52.5 | 27.9 | 19.6 | 20.9 | 56.6 | 22.4 |
| 　標準偏差 | 13.9 | 9.7 | 9.0 | 11.0 | 11.7 | 11.2 |
| 偶数場面 | | | | | | |
| 　平均 | 39.6 | 28.8 | 31.6 | 25.5 | 47.1 | 27.5 |
| 　標準偏差 | 15.2 | 10.0 | 12.8 | 12.6 | 13.3 | 12.4 |
| 男性の相関 | +.57* | +.15 | +.06 | +.21 | +.41* | +.46* |
| 女性の相関 | +.21 | -.47* | +.16 | +.56* | +.55* | -.04 |

*$p<.01$

差があることを示している。奇数場面のE-A%が53.1であるのに対して,偶数場面では39.8%である。この差のt値は6.33（$p<.01$）であった。有意差はI-A%（t=2.28, $p<.05$）とM-A%（t=8.50, $p<.01$）でみられた。これに対して,アグレッション型の平均%は,奇数場面と偶数場面で基本的に差がみられなかった。

　女性群で,奇数場面と偶数場面間の平均値の有意差は,6つのスコアリング・カテゴリーのうち4つにみられた。偶数場面はE-A%で有意に低く（t=4.08, $p<.01$）,M-A%（t=4.82, $p<.01$）とO-D%（t=2.38, $p<.05$）は,有意に高かった。I-A%とO-D%に有意差はみられなかった。

　したがって,両群の対象はP-Fスタディの奇数場面と偶数場面で,フラストレーションに対してさまざまなカテゴリー反応を引き出すにあたって,同じ刺激価をもっていないことが明らかである。この非等質性はアグレッション方向で特に著しい。すなわち,男女とも奇数場面で多くの他責反応が,偶数場面で無責反応が多く出やすい傾向がある。

**相関**　奇数場面と偶数場面間について,スピアマン・ブラウンの希薄化修正によるピアソン偏差積相関係数を求めた結果が,両群とも表4に示されている。男性は有意な正の相関がE-A%, E-D%, N-P%にだけみられ,他のカテゴ

表5　P-Fカテゴリー（%）とGCR（%）の再検査による平均，標準偏差，相関

| カテゴリー | E-A | I-A | M-A | O-D | E-D | N-P | GCR |
|---|---|---|---|---|---|---|---|
| 男性（N=45） | | | | | | | |
| テスト1 | | | | | | | |
| 　平均 | 46.5 | 25.2 | 28.2 | 17.0 | 50.5 | 32.6 | 69.4 |
| 　標準偏差 | 12.31 | 8.07 | 7.25 | 6.58 | 11.70 | 10.50 | 13.02 |
| テスト2 | | | | | | | |
| 　平均 | 46.1 | 26.0 | 27.9 | 18.7 | 48.7 | 32.6 | 71.7 |
| 　標準偏差 | 12.59 | 6.77 | 9.12 | 7.92 | 9.59 | 10.62 | 13.05 |
| 女性（N=35） | | | | | | | |
| テスト1 | | | | | | | |
| 　平均 | 46.7 | 28.2 | 25.0 | 22.4 | 48.4 | 29.3 | 67.1 |
| 　標準偏差 | 10.73 | 7.08 | 9.41 | 5.75 | 8.54 | 8.48 | 15.60 |
| テスト2 | | | | | | | |
| 　平均 | 46.9 | 28.5 | 24.6 | 20.9 | 47.8 | 31.5 | 67.6 |
| 　標準偏差 | 14.13 | 7.98 | 11.07 | 7.51 | 9.72 | 9.94 | 13.23 |
| 男性の相関 | +.56* | +.35* | +.51** | +.34* | +.61** | +.71** | +.58** |
| 女性の相関 | +.61** | +.44** | +.59** | +.34* | +.46** | +.47** | +.21* |

*p<.05，**p<.01

リーは有意でなかった。女性で有意な正の相関がみられたのは，O-D％とE-D％のみであった。E-A％，M-A％，N-P％は低い値で，I-A％は奇数場面と偶数場面の間に有意な負の相関がみられた。このように，P-Fのスコアリング・カテゴリーについて，折半法による有意な信頼性が認められたのは一部についてだけだった。

## 初回と再検査の比較

**平均**　P-Fのスコアリング・カテゴリーとGCRについて，1回目と2回目の平均と標準偏差を男女別に表5に示した。2回のテスト間の平均で，どの変数も2％以上の差はみられなかった。さらに，これらの差について統計的な検定で，いずれにも平均値間に有意差はみられなかった。したがって，P-Fのおもなスコアリング次元での平均値の結果によると，2回のテスト間で基本的に類似していると結論できる。

**相関**　2つの群のP-FカテゴリーとGCRの再検査相関が表5に示されている。男性群においては，すべての変数が有意であり，E-A，M-A，E-D，N-P，GCRは1％水準，I-AとO-Dは5％水準であった。女性はO-Dが5％水準，GCRが非有意であったが，残りのすべての相関は1％水準で有意であった。

アグレッション方向について，最も高い信頼性係数が他責で得られた。すなわち，男性では +.56，女性では +.61 であった。無責の相関も比較的高い水準の信頼性（男性で +.51，女性で +.59，いずれも 1 % 水準で有意）であった。自責の数値は両群とも有意であるが（男性は +.35 で 5 % 水準，女性は +.44 で 1 % 水準で有意），実際の相関係数の値は比較的低い。

アグレッション型の中で，要求固執と自我防衛は 2 つのテストで高い一致度を示した。すなわち，両群で両カテゴリーとも 1 % 水準で有意であった。障害優位は両群とも 5 % 水準で有意であったが，他のアグレッション型よりも 2 回のテスト一致度は低かった（男女とも +.34）。

GCR は，男性で高い信頼性が得られたが（r=.58, p<.01），女性では再検査の相関係数は +.21 に過ぎず，2 回のテストの関係は低くて非有意であった。

男女の結果を比較してみたが，一貫した差はみられなかった。アグレッション方向について，カテゴリーの相関は女性のほうが高く，アグレッション型と GCR では男性のほうが高かった。しかし，GCR は男性だけに有意な信頼性がみられたが，その他のすべての変数で，男女とも有意な関係が認められた。この差は，GCR の一致度についての性差のためであるのか，2 群のテスト間隔の違いによるものか，あるいは単に 2 群を選択する際の統制不可能な条件によるのかは，このデータから判断することはできない。

さまざまなカテゴリーについての再検査信頼係数を折半法による係数と比較すると，再検査信頼性のほうが明らかに高い信頼性を示している。再検査信頼性は，男女ともすべてのカテゴリーで有意な値を示しているのに対して，折半法による値はスコアの半数だけが統計的に有意であり，2 群間でほとんど一致がみられなかった。これらの結果は，P-F の 1 回目と 2 回目に実施した平均値が，折半したときの平均値よりも類似していることをあわせて考えると，再検査信頼性のほうが適切であることを実証していると思われる。

データについての独自の分析として，1 回目と 2 回目の GCR 場面と非 GCR 場面の比率の変化を計算してみた。この分析は変化した反応を求め，場面ごとに変化数を全反応数で割る公式を用いて計算した。両群とも，GCR 場面は非 GCR 場面よりもアグレッション方向の変化が少ないことが見いだされた。しかし，アグレッション型では，GCR 場面は男性の被検者だけに他の場面よりも安定性が認められた。これらの結果から，予想されたように，一般的に再検査信頼性は標準的な反応が生じる刺激場面で安定性が高いといえる。

## (2) その他の再検査信頼性研究

　P-Fスタディ成人用の再検査信頼性は，他の心理学者たちによっても研究されている。Bernard（1949）は，105名の成人に対して平均4か月の間隔で再検査を行なった。その結果，E-A=.73，I-A=.52，M-A=.69，O-D=.58，E-D=.73，N-P=.71，GCR=.45という再検査信頼性係数を報告している。彼はまた，同じデータを用いて項目（場面）ごとの信頼性を求めているが，24場面についての再検査信頼性の値は.51から.79の範囲にあり，平均は.61であった。彼は項目の信頼性の結果について，「十分である」と結論している。

　Pichot & Danjon（1955）は，心理学科の大学生59名（男性32名，女性27名）について4か月間隔で再検査を行なった結果，E-A=.64，I-A=.34，M-A=.68，O-D=.46，E-D=.68，N-P=.57，GCR=.58であったと報告している（BernardもPichot, & Danjonも相関係数の有意性検定をしていない）。Sanford & Rosenstock（1952）は，1か月間隔で場面の再検査を実施した結果，2つの絵の順位相関係数は.54と.57であった◆。彼らは，P-Fは信頼性のあるテストと同程度の一致度をもった場面から構成されている，と結論している。

　　◆この研究では，成人用場面7「レストランで店の従業員から非難されている」，場面16「自動車事故で相手から非難されている」の2つの場面について，30名の被検者の反応を対象に再検査を行なっている。その反応を場面7は攻撃性について，場面16では権威主義の観点からそれぞれ3名の評定者によって順位付けされた値に基づく相関の平均値である。なお，場面7の平均値は.57となっているが，.75の誤りではないかと思われる。

　再検査信頼性係数はわれわれが得たものと同じ程度であり，これらの結果はわれわれの実験室の結果を確証するものである。心理測定的な信頼性のほとんどは，投影法に適用することが適切でないという見方に立っても，この係数の高さはP-Fスタディ成人用の再検査信頼性を実証するには十分である。

## 4　青年用の再検査信頼性

　23名の高校生（男性16名，女性7名，年齢：17～18歳）が1か月間隔でテストを受けた。

　再検査信頼性はE-A=.79，I-A=.86，M-A=.67，O-D=.30，E-D=.43，N-P=.52，GCR=.62であった。すべてのアグレッション方向とGCRは1%水準，N-Pは5%水準で有意であったが，O-DとE-Dは有意水準に達しなかっ

た。これらの結果は，成人用で得られた結果と一致している。アグレッション方向はアグレッション型よりも信頼性が高い傾向がある。

## 5 児童用の再検査信頼性

9〜13歳の児童45名が10か月間隔で再検査を受けている。信頼性はE-A=.44，I-A=.25，M-A=.50，O-D=.18，E-D=.55，N-P=.49，GCR=.22であった。E-A，M-A，E-D，N-Pなどは1％水準で有意であったが，他のカテゴリーは有意に達しなかった（Rosenzweig, 1960参照）。

Pareek（1958a, 1964）は，12歳の男子50名にインド版児童用を用いて2か月半の間隔で再検査信頼性を求めている。相関係数はE-A=.75，I-A=.62，M-A=.71，O-D=.62，E-D=.78，N-P=.72，GCR=.56であった（有意水準は報告されていない）。

同じく，Pareekは同じ対象のデータで，場面の再検査信頼性の分析を行なっていることは注目すべきである。彼は24場面の信頼性係数は.56から.91の範囲で，平均は.70だったと報告している。

半投影法の信頼性を決めるにはいろいろな問題があるが，P-Fスタディ児童用は期待どおりの結果を示している。これらの結果は，P-Fスタディの信頼性を判断するには折半法よりも再検査信頼性が適していることが，これまでの研究結果から結論できることを支持している。

## 6 結論

パーソナリティの力動的研究は，さまざまな情動的な内包的意味に伴って変化する刺激に対して，どの程度柔軟に対応できるかを評価するために，さまざまな状況下で個人の観察をすることが必要である（*Mischel, 1968*）。投影法検査の項目（図版）間が等質でないので，テストの信頼性として伝統的な基準である内的整合性を厳正に適用することはできないし，それは投影法の性質から考えて当然のことである。

信頼性に関する他の統計的アプローチとして，同じグループの対象に対して異なる時点で得られた結果の相関を求める方法があるが，投影法にとっては別の問題もある。再検査法は折半法よりも明確な利点をもっているが，テスト全体が形態的な性質をもっているので，なお問題がある。たとえば，知能のような比較的安定した性質とは違って，パーソナリティの特徴は環境の状況によっ

てかなり変わりやすいと考えられるので，1回目の結果について妥当性に問題がなくても，1回目から2回目のテストにかけて変動するかもしれない。もっと深刻な問題は初回に実施された投影法の条件を，再検査の状況で再現することが不可能なことである。投影法の未構造な刺激に対する被検者のアプローチは，単にすでに刺激をみて反応したという経験によって，その程度は定かでないが変化するだろう。そして最後に，投影法の再検査信頼性に相関法を用いることは，基本的に形態的なデータを断片的に処理することに伴うすべての問題を抱え込むことになる。

　以上のような限界があるものの，再検査アプローチは，なお投影法の信頼性を判断するのに最も適している。しかし，心理測定的テストにみられるほどの高い信頼性係数を得ることは，投影法には期待できない。結局のところ，テストで最も重要なのは妥当性であるが，さほど重要でない信頼性を妥当性よりも重んじるような誤りが時どきみられる。古代哲学の格言によると，妥当性のない信頼性は空虚であり，信頼性のない妥当性は怪しい（これを支持する一般的な立場として *Cronbach, 1970* 参照）。

　特に P-F スタディに関して，これまでの調査によると，成人用，青年用，児童用について比較的高い再検査信頼性が得られている。また内的整合性や折半法は，P-F や類似の半投影法の信頼性を査定する方法として，再検査信頼性よりも適切でないことが示された。

# 3章

# 構成的妥当性

　投影法と半投影法の信頼性と妥当性は，心理測定的アプローチにふさわしい方法にとらわれていては，正確に判断することはできない。この立場はRosenzweig（1951a, 1956a）によって提唱され，さらに，P-Fスタディの信頼性に関するその後の論文で論究されている（Rosenzweig, Ludwig, & Adelman, 1975）。『教育・心理学的テストとマニュアル』のアメリカ心理学会基準（1966, p. 4）によると，投影法はしばしば量的よりも質的なデータを得るので，他のテストに要求されるよりも柔軟で緩やかな心理測定的な評価方法が必要である，と述べられている。本章は妥当性に関して，この考えに沿って展開する。最初にAPA基準に基づいて，一般的な半投影法の妥当性が追及される枠組みを提示する。次いで，この枠組みに従ってP-Fスタディの概念的妥当性を吟味する。

## 1 妥当性の問題

　どのような測定の方法であれ，妥当性を評価するための最初の課題は，適切な評価基準を選ぶことである。この選択手続きは技法の背景にある概念を十分に理解した上で，実験的操作への反応なのか，疾病分類の判別か，ある状況での行動予測か，といった技法が適用される特定基準との関連を明確にしなければならない（Rosenzweig, 1951a; Blatt, 1975）。すべての臨床的な技法にとって，妥当性は1つの基準では十分といえないので，多くの証拠を統合するアプローチが必要である（Macfarlane, 1942）。

　投影法は一次元の単一義な意味しかもたないテスト（tests）ではなく，一般的に多次元的で柔軟性のある手段（tools）ないし技法である。このような技法の妥当性は

　　「それを用いる臨床家の能力や経験に依存しており，この点からみて，妥当性に関して問われる唯一の問題は，投影法の性質からして，その技法が臨

床家の求めようとしている洞察が得られるように，心理臨床家の能力向上に寄与するかどうかである（Rosenzweig, 1959）」

*Cronbach*（*1971*）は，「妥当性を確認するのはテストではなくて，所定の手続きから得たデータの解釈である」(p. 447)と述べて，この立場を支持している。

投影法が本来もっている柔軟性は，被検者の問題，欲求，興味などによって，技法の広い側面に対して選択的に反応できるようになっているので，このような技法の妥当性は，どの程度多様な表現が促進されるかによる。技法に対して被検者がどのように用いるかが，妥当性の次元を決める。技法によって引き出される水準ないし行動水準は，特に考慮すべきことであり，臨床家は被検者のテスト行動が社会的な意味をもつ意見なのか，日常生活の顕在行動なのか，暗黙的（無意識ないし潜在的）態度なのか，これら3つの水準のいくつかが組み合わさったものなのかを判断しなければならない（Rosenzweig, 1950b）。この区別は，特定の行動を評価，マッチング，予測などをするときには何よりも重要である。すべての半投影法の妥当性は，ある程度心理測定的な基準によって決められるが，臨床家の解釈能力によって大きな影響を受ける。したがって，これらの技法は一義的な妥当性をもつのではなくて，被検者，状況，検査者などの全相互作用に対する変動的妥当性をもつことになる（*Blatt, 1975*）。

とはいうものの，半投影法にほぼ適した妥当性は評価され，報告され得るものであり，そうすることが大切である。というのは，さまざまな場面で，さまざまな検査者によって用いられた技法が，測定できる妥当性を証明できなかったとしたら，検査者の対人関係のスキル以外に何も付け加えるものはなくなり，その結果，実用にならないだろう。このことを念頭において，投影法と半投影法の妥当性にアプローチしなければならない。

## ▶ 2 妥当性の実証法

妥当性は3つの側面に分けることができる。すなわち，一次的な側面として概念的妥当性と基準関連妥当性があり，二次的な側面として実用的妥当性がある。

構成的妥当性は，説明概念（構成体）がどの程度テスト遂行を説明できるかによって決まる。ここには，技法のもつ構成体に直接関連する変数の実験的検討や操作によって，仮説と実際に得られた結果を後で比較することによる研究

が含まれる。技法によって得られた水準を決めるための試みが不可欠である。同じか，類似の構成体の測定を目的とする技法間の直接の比較もここに含まれる。しかし，構成的妥当性の範囲は，一部の研究者たちが言っているほど，誇張されるべきでない（*Messick, 1975*）。

基準関連妥当性は，当該の行動を独立に測定している外的変数と，その技法のスコアがどの程度関連しているかによって決められる。基準関連妥当性は，基本的に技法で得られた得点と，構成体と直接には関連しない基準測度との相関をみることを目的とした研究で，たとえば，P-Fのスコアとオルポート・バーノン価値研究の得点との相関を求めるような研究が含まれる。技法の予測的使用や，技法のスコアと観察者の評定との関連をみるような研究も，このカテゴリーに含まれる。P-Fを用いたこのようなアプローチの1つとして，継続的臨床予測がある（Rosenzweig, 1950c）。これはカンファレンスで多数の研究者が個人歴や他のテストデータに基づいて，ある投影法に対する当該被検者の反応を予測する方法である。最後に，基準関連妥当性が2つないしそれ以上の被検者群を概念的に判別する外的基準に対して，その技法の敏感さを吟味する方法である。

実用的妥当性は，「投影法のもつ構成体とは間接的にのみ関連があり，社会的状況に応じて選抜やスクリーニングの目的で技法を適用しようとするような，実用的な関連をもった妥当性である」と，ここで新たに定義する。技法とその構成体を研究の目的としていないので，このような研究の結果は，妥当性について二次的な意味しかもたない。しかし，肯定的な結果が得られれば，構成体あるいは基準関連妥当性について今後の一次的な研究の方向を示すことになるし，もし否定的な結果であれば，その技法の適用範囲を決めるのに役立つだろう。

以上のような考え方によると，「内容的妥当性（content validity）」とよばれている部分は，実用的妥当性に含まれるだろう。技法を広く適用することによって，「結論を得ようとしている考察対象のさまざまな場面，あるいは素材からサンプルが抽出されているか」（アメリカ心理学会，1966, *p. 12*）の程度によって内容的妥当性をもつかが判断できる。しかし，投影法は個人の経験的な立場に基づいて意味付けるような，未構造の刺激を本来もっているので，投影法や半投影法にとって内容的妥当性はあまり深い関連をもたない。

本章の残りは，妥当性パラダイムの1つの側面，すなわち，特にP-Fスタディに関連した構成的妥当性に的を絞る。P-Fは，仮説-演繹的な技法であり，フラストレーション理論の構成体を背景としている立場から，何よりも構成的妥当性をもたねばならない。児童用の妥当性に関するかなりの研究がすでにレ

*033*

ビューされており（Rosenzweig, 1960），青年用のデータはまだ不完全なので（比較的新しく作成されたことによる），本章は，成人用に重点を置くことにする。しかし，基本的なP-Fの構成体を理解するために必要なときは，児童用に関する研究も参照することとする。もし特に触れなければ，ここの論議では，成人用P-Fの研究を参照する。

## 3 P-F 構成体の発展

　ローゼンツァイク・P-F スタディは，実験的方法によって精神分析的概念の妥当性を検証するための研究プログラムから生まれた。抑圧，置き換え，投射の実験的研究は，実験的な面からの心理力動的アプローチにとって，最も縮図的に表すものとして，フラストレーション現象の解消を取り上げた（Rosenzweig & Mason, 1934; Rosenzweig, 1938c, 1941）。フラストレーション反応におけるアグレッション方向の発見的分類（他罰，自罰，無罰）が系統立てて述べられ（Rosenzweig, 1934b），首尾よく完成した課題と未完成の課題への反応の違いに関する行動的研究法に用いられた（Rosenzweig, 1935）。プライドの特性が高いと評定された児童は，未完成課題よりも完成した課題を想起するが，プライドが低いと評価された児童は，逆の想起行動を示す傾向があった（Rosenzweig & Mason, 1934）。この基本的な方法論は，さらに厳密な実験統制によって洗練され，特に自我防衛対要求固執に関連した抑圧の研究プログラムで用いられたが，この2つの分類は，その後のP-Fの主要なスコアリング分類の見出しとなった（Rosenzweig, 1943）。成人（大学生）を対象にして，公式条件と非公式条件下でパズル（半数は完成群で半数は完成前に中断する）を実施した。公式条件（知能検査という教示）の対象は，失敗よりも成功のほうを後で多く想起したが，非公式条件下（パズルの困難度を分類するための資料という教示）で実施した対象は，完成よりも未完成課題のほうを後で多く想起した。このようにして，抑圧の全体的メカニズムには，不快に対する防衛的忘却だけでなく，未完成についての要求固執的な保持もあることを明らかにした。就学前の児童（3～5歳）を対象にした探索的な初期の研究が，Heller (1939) によって実施されている。この研究では，要求固執と自我防衛（ここには他罰，自罰，無罰の次元が含まれる）を実証するフラストレーション反応様式が体系的に観察され，質的に定義された。同年に，Burnham (1939) は45名の青年を対象にした研究で，半投影法のP-Fに対する反応は，失敗後の責任追及の方向に関して，意見行動よりも実際の行動（自己評価）のほうが近

いと判断している。さらに，この研究は課題について自分に優れた能力があると考えているものは他罰的に行動し，能力が低いと自己評価しているものは，自罰や無罰の行動をとる傾向があることを示している。精神分析の臨床的に生まれた概念に関する，ここにあげたすべての研究から，実験的な裏付けのあるフラストレーション理論の概要が生まれた（Rosenzweig, 1944)*。

> ＊P-F スタディの基本的構成体（スコアリング・カテゴリーと因子）が生まれた実験的心理力動に関する研究の概要は，5 章で紹介する。P-F が仮説演繹的性質をもっていることは，P-F の経緯に関するレビューからみて明らかであり，P-F の本質的な構成的妥当性の大部分を占めている。

アグレッション方向の発見的分類が最初に提唱された同じ年に，より妥当性のあるパーソナリティ・テストを作成するための考えが提案された（Rosenzweig, 1934a)。異なる水準の反応（現実と理想）を引き出すために考案された質問によって，パーソナリティ・テストの改善点が得られるだろうと考えた。この考えは，実験的心理力動の研究で徐々に育ってきたものであり，また投影的構成体の実験的検証の道を示したもので，P-F スタディの企画の中に，フラストレーション理論に沿って組み込まれている。P-F は被検者が刺激状況に自分を投射して，フラストレーションを経験している中心人物を同一視できるようになっており，有意味であるだけでなく，測定できる反応分類を提供している。P-F の研究で明らかになってきた考えは，投影の程度が変化することと，心理診断的行動の水準に大きく影響するような実験的操作ができることである。

P-F スタディの妥当性の証拠は，最初に発達的研究から引用するが，ここでは，対象の年齢が高くなるにつれて，P-F 刺激に対する反応様式に一貫した変化がみられることである。次に，フラストレーション反応についての基本的研究でみられた，首尾一貫した概念パターンが考察される（たとえば三者関連説）。反応水準に伴って，個々の被検者が P-F の場面をどのように経験したかが検討されて，P-F への言語的攻撃が P-F 以外の意見，顕在，暗黙行動の測度に対してどの程度一般化できるかについての証拠が示される。実験的に導入されたフラストレーションの P-F スコアへの影響に関する研究が，状況とパーソナリティ変数との相互作用を実証している。最後に，P-F のアグレッション・カテゴリーと生理反応との関連を吟味する。

## (1) 発達的証拠

　外に向かって表出された攻撃（敵意）は，内に向けられた攻撃や攻撃の回避よりも原始的な様式である，と心理力動理論は主張している。個人がもっている攻撃行動レパートリーの発達は，社会化のプロセスを反映しながら進展すると考えられる。すなわち，成長過程で，子どもはフラストレーションに対する敵意的反応を抑止することを身に付けて，社会的に同調したり，個人的に責任をとるパターンを獲得する。P-Fスタディの構成体は，このような発達的変化を仮定しており，この変化がP-Fの標準化データによって支持されている。

　児童用を最初に標準化したときの対象は，4～13歳の256名の子どもの集団である（Rosenzweig, Fleming, & Rosenzweig, 1948）。この結果によると，児童期では，他罰反応が4歳（56.4%）から13歳（30.4%）にかけて一貫して減少することを示している。同じ年齢段階で，自罰は19.9%から29.5%に，無罰は23.7%から30.4%にそれぞれ増加しており，GCR（社会的適応の指標）は52.1%から63.8%へと上昇している（すべて1%水準で有意差がある）。Zimet, Rose, & Camp（1973）は，E-Aは年齢とともに減少し，I-Aは上昇するという同様の変化を報告している。標準化集団で，年齢が進むにしたがって要求固執が上昇することが認められ，Stoltz & Smith（1959）は，子どもが成長するにつれて問題解決を期待するようになることを見いだし，この結果を支持している。これらのアメリカのデータに加えて，フランス，イタリア，ドイツ，スウェーデン，日本，インドなどの児童を対象にした大きな集団に基づいたデータがある（Rosenzweig, 1960）。Pareek（1964）は，インド版P-Fの標準化の結果（1,002人の対象）を，日本とアメリカの標準グループの結果と比較している。その結果，文化的な違いがあるにもかかわらず4～13歳にかけてE-Aが徐々に減少し，I-A, M-A, GCRが増加するというように，共通した社会化のさまざまな発達パターンがすべてのグループにみられる。たとえば，日本の児童は8歳段階でアメリカやインドの児童よりもI-A%が高く，13歳段階のアメリカの児童はI-Aで最も高い値を示した。しかし，文化比較研究で最も印象的なところは，全体的な発達的様相が共通していることである。

　青年の時期は，予想どおりに他責と自我防衛が高くなり，自責とGCRが低くなるが，これは10代には同一性を求めて権威に反抗することを示している（Rosenzweig & Braun, 1970; Rosenzweig, 1970a）。このパターンは男性に顕著であり，女性ではこのパターンは明確な傾向となっていない。10代の終わりになると，男女とも13歳の水準に戻る。男性と違って，女性は青年期の初期

から後期にかけて要求固執が増加する。これは，女性は男性よりも身体的，精神的に早く成熟し，敵意的攻撃の表出を別の形で表すことが早くできるようになる，という一般に認められている事実と一致している。

　成人初期になると，すべてのカテゴリーで安定するようになり，中年期まで持続する（Rosenzweig, 1950d）。50〜80歳の成人はE-A（$p<.05$）とE-D（$p<.05$）が増加し，M-A（$p<.05$）とGCR（$p<.01$）が減少する。これらの変化から，自分のやり方に固執するようになって，妥協しにくくなり，他人を攻撃することによって自分を守ろうとする傾向を示すようになった人が，老人の始まりだとみることができる。しかし，これらの結論は，少数の高齢者サンプルから得たことに注意しなければならない（Rosenzweig, 1952）。この高齢集団の基準の信頼性を高めるために，今後の研究が要請される。

　成熟に関する生化学的知識は，これまでの発達的行動の結果と一致している。誕生時に副腎髄質は大部分ノルエピネフリン（ノルアドレナリン）であるが，発達に伴ってエピネフリン（アドレナリン）水準が増加する（*Hokfelt, 1951*）。精神疾患の患者についての研究で，発達の生理的状態とは逆行して，心理的退行を伴う傾向がある。

　「パラノイドの患者は，同じ病気でも，抑うつの患者よりも（精神分析的にみて）発達的に早期の段階の特徴をもっていると思われるが，抑うつの患者（過剰なエピネフリン分泌）よりも，初期の発達段階（過剰なノルエピネフリン分泌）の生理的特徴を示していた」(Funkenstein, King, & Drolette, 1957, p. 171)

　P-Fで設定された行動基準と生理的発達に関する研究は，両者ともにP-Fの背景にある理論的仮説を実証しており，P-Fの構成的妥当性の証拠を提供している。

## (2) 首尾一貫した概念パターン

　構成的妥当性を決めるための別のアプローチは，背景となる理論に基づいた解釈をするうえで重要である首尾一貫したパターンを，スコアリング構成要素がどの程度示すかを検討することである。その点に関する研究で，E-A反応が出るまでに要する時間がI-AやM-Aよりも短いことがFritz（Mirmow, 1952bによる報告）によって見いだされている。この結果は，E-Aは最も直接的で，最も抑止の少ないアグレッション方向の反応であることを支持してい

る。Parsons（1955）は，E-A スコアはテスト時間と負の関連があり（p<.05），N-P と I-A スコアは正の相関（p<.01）があることを見いだしている。

　Rosenzweig（1952）は，P-F の刺激場面で用いられた反応語数と，これらの反応スコアとの関係を調べた。ここでは，73 名の健常な対象群を用いている。その結果，アグレッション方向では，M-A 反応が E-A や I-A 反応よりも一貫して有意に少ない傾向（p<.01）を示している（調停を図ろうとする M-A 反応は，アグレッション方向に関する決定を避けるので，時間が短縮されると考えられる）。アグレッション型についても，同様の関連が認められる。フラストレーションに直面したときに，障害を強調する O-D 反応は語数で最も少ないことが明らかになった。一方，恐らく建設的な解決に向かう段階である E-D と N-P 反応は，しだいに長くなっている。

　半投影法としての P-F の個性力動的性質は，テストを受ける間に反応スコアを変化させる反応転移の分析によって，ある程度明らかにできる。自己の反応に対する反応の仕方は，心理測定的テストの特徴である刺激優位（S→R）に対して，反応優位（R→R）として区別されている（Rosenzweig, 1951a）◆。反応転移は，低いフラストレーション耐性の指標である他責と自我（生態）防衛の低さ，および自責，無責，障害優位の増加と連動して現れることが明らかにされた（Rosenzweig, 1952）。しかし，同じ予備的研究で，反応転移は精神疾患のグループ間の判別には診断的有効性がみられなかった。このような結果があるにしても，P-F スタディは診断的目的に役立つことを意図しているわけでなく，特に反応転移の本質的な考えは個性力動的であって，集団的基準を意図したものでないことを想起してほしい。したがって，反応転移の妥当性は，この結果によってそれほど疑いを差し挟むほどのことはない。

　　◆心理測定的テストはすべての被検者が客観的な刺激（S）に応じて反応（R）する（S→R）のに対して，投影法では刺激（S）の認知（R）に個人差があり，その認知に従って反応（R）が生じる（R→R），という考えである。

　反応転移の妥当性に関する集中的な研究は，児童用初版の標準化サンプル全体で行なわれており，特に注目すべきである（Rosenzweig & Mirmow, 1950）。発達的分析によると，5 歳から反応転移の数が急激に上昇することを明らかにしているが，この結果は，実際に 5 歳になると，幼児的攻撃を抑制してフラストレーションへの反応に葛藤を感じるようになる，という社会化の過程を反映していると解釈されている。反応転移を示す被検者は，反応転移がない被検者よりも

有意に低いEと高いI, O-Dスコアを示しており，この結果は，敵意の外的表出を抑止し，罪悪感と阻害感（葛藤）の増加を反映することを示している。

このような反応転移の欠如は10代の問題児にもみられ，未成熟と低い社会化を表していると解釈されている（Rosenzweig & Rosenzweig, 1952）。その研究で，10～12歳の未成熟な反応転移が多いことは，社会的不適応の評価と関連していることが見いだされた。しかし，個人のケースで，著しく多い反応転移は不安定な人物で，低いフラストレーション耐性である証拠があるものの，根拠については確定的とはいえない。ともかく，反応転移の的確な個性力動的解釈には，反応転移の種別や対象の生活年齢と同時に，カテゴリーやGCRの得点などをよく吟味する必要がある。この領域に関するいっそうの研究がどうしても必要であり，その結果はきわめて重要である。

精神分析的防衛機制と暗示に対する感受性に関連して，フラストレーション反応の理論的パターンが，抑圧と催眠の実験的研究によって実証されている。ヒステリーと催眠との関連についての研究には長い歴史があり，ヒステリーと抑圧との関連についてのフロイト流の原理も，抑圧と被催眠性との関連を仮定している。したがって，次のようなことが仮定される。

「三者関連説（triadic hypothesis）によると，パーソナリティ特性としての被催眠性は，防衛機制として抑圧を選びやすいこと，およびフラストレーションの直接的反応の特徴として無罰反応の傾向と正の関連があることになる。被催眠性のない人は，他の防衛機制である置き換えや投射と関連し，フラストレーションに対する反応として，他の方向である自罰や他罰と関連があると仮定される」（Rosenzweig, 1938c, p. 489）

しかし，三者の各構成要素はそれぞれ独自の特徴ももっているので，要素間の相互関連は完全に一致するには至らないだろう。

三者関連説を実証する多くの研究が行なわれてきた。Rosenzweig & Sarason（1942）は，大学生の3つのグループについて，P-Fのアグレッション方向のスコア，不快な経験を抑圧する程度の測定，被催眠性ないし被暗示性の評定を求めた。M-Aと抑圧との相関係数はそれぞれ.19, .39, .54であり，E-Aと抑圧の相関係数は-.30, -.73, -.26であった（I-Aには一貫した傾向はみられなかった）。無責も被催眠性および被暗示性と高い相関係数があり，それぞれ.57, .47, .78であった。被暗示性と抑圧との相関係数は.25と.47で，被催眠性と抑圧との相関係数は.66であった。各3つの変数の重相関係数

は.75以上であり，被催眠性における抑圧と無責の相関係数が最も高かった(.83)。

　被暗示性の程度とアグレッション方向間に有意な相関があることが，Kates (1951) によって報告されている。被暗示性のテストに低い得点を示した児童は，被暗示性に高い得点をした児童よりも有意に高い E-A 得点であった。また，被暗示性の高い児童は，被暗示性の低い児童よりも有意に高い M-A 得点であった。三者関連説についての研究は，臨床領域でも適用されている(Canter, 1953)。発作性気分変調患者（ヒステリーの人格障害をもつ）は，てんかん患者（真性てんかん）よりも，有意に高い抑圧と低い E-A スコアを示した。ヒステリーのグループは，被催眠性では有意でなかったものの，M-A スコアで高い傾向が認められた。三者関連説はこの研究によって支持されている。

　アグレッション方向と防衛機制との関係については，別のテーマで「抑圧性-鋭敏性 (represser-sensitizer)」の二分法として改めて関心を集めた(Altrocchi, Shrauger, & McLeod, 1964)。この二分法は，さらに「表出性 (expressors)」を含むように発展している。この拡張された定式化は，P-F カテゴリーの E-A, I-A, M-A に著しく類似している (Rosenzweig, 1967a)。P-F スタディの背景にあるフラストレーション理論と，それより広い三者関連説の両者は，この領域でこれからの研究の基礎として，明確に体系化された構造を提供できると考えられる。

　三者関連説を間接的に支持するものとして，P-F スタディを用いた遠隔知覚 (extrasensory perception: ESP) の研究がある (Schmeidler, 1950; 1954)。特殊な才能をもった人（偶然以上に物や数を推測できた）は，そのような才能を示さなかった人よりも有意に高い無責スコアを示し，ESP 才能をもたない人は，ESP 能力のある人よりも有意に高い E-A スコアを示したことを見いだしている (Schmeidler, 1950)。別の研究で，E-A と ESP スコアとの間に有意な負の相関を見いだしている (Eilbert & Schmeidler, 1950)。しかし追跡研究では，ESP 課題で弱いフラストレーションを感じたものだけが ESP と M-A スコア間に有意な正の関係を認められ，ESP と E-A スコアとは有意な負の関係が認められたことを見いだしている (Schmeidler, 1954)。これらの結果から，総じて ESP に対して身近な感じをもっているものは（E-A が低い），ESP に対して拒否的な感じを抱いているもの（高い E-A）よりも ESP で高い得点を示す傾向がある (Schmeidler & McConnell, 1958)。もし，ESP が外的刺激に対して開放的だと考えるならば（被暗示性に近い），三者関連説に関す

るP-Fの構成的妥当性研究とある種の関連がみられるだろう。

## (3) 因子分析

　P-Fの構造を因子分析の統計的処理によって明らかにしようとする試み（Hayashi, Sumita, & Ichitani, 1959; Hayashi & Ichitani, 1970; Meyer & Schöfer, 1974），またはP-F因子をパーソナリティの他の側面と関連付けようとする研究（Ichitani, 1966; Ichitani & Hayashi, 1976; Rauchfleisch, 1971b; Klippstein, 1972）が，これまで時折なされてきた。構成的妥当性をもつことを目的としているテストと，統計的因子分析によって作られたテストには基本的な違いがあり，前者は演繹的基盤に基づいて発展したものであり，後者は帰納的な基盤によっている。すべての投影法の仮説的構成体は，構造的用語でこれらの構成体の内的整合性を検討することによって，また構成体の本質的特徴を実証するような構成体を吟味する実験的操作によって検証されねばならない。もしこのような手続きが用いられるならば，因子分析のような帰納的アプローチは無用である。さらに，上に引用したすべての研究は，統計的因子を抽出する目的でP-Fスコアを構成しているデータを用いる際に，論理的誤りを犯している。P-Fの24場面に戻って，P-Fカテゴリーとは独立した形でスコアするならば，因子分析は論理的に可能であろう。しかし，そのようなP-Fスコアの用い方は因子分析を排除することになる。

　しかし，Rauchfleisch（1974）が用いた「形態頻度分析（configuration-frequency analysis）」のような方法は，建設的で心理診断的アプローチであり，批判的に上に引用した典型的な因子分析と混同すべきでない。ある種の因子分析や偏相関は，通常のP-Fスコアの比較的永続的な面と状況要因を分離することを目的とした将来の研究に役立つ可能性があることも記しておきたい。

## (4) 行動水準

　P-Fは半投影法と考えているので，投影の概念はP-Fに本来備わっているものである。行動の水準は，被検者によって用いられる投影の様式を示している。Rosenzweig（1950b）は3つの水準を仮定している。意見（opinion）——自己批判的，検閲的な反応で自己イメージや社会的に適切な規範に沿った反応である。顕在（overt）——評価にとらわれない，自然な日常生活の観察できる行為を反映する。暗黙（implicit）——潜在的，無意識的な態度や感情から生じる非人格的な反応を反映する。

　Rosenzweig（1945）は，P-Fは人の無意識的な志向よりも実際の（顕在的）

行動を反映する，という作業仮説を最初に提唱した。しかし，後になって（たとえば Rosenzweig, 1950b），筆者はこの仮定を無批判に受け入れることに注意を促した。さらに，臨床的心理診断で P-F だけに頼ることにも警告して，P-F をテスト・バッテリーの中に組み込んで，面接や事例史の資料などと関連して解釈したときに，初めて P-F 自身の反応水準がわかるだろうと述べた。この見解は，P-F の水準の問題への多面的なアプローチの火付け役となった。

## 意見水準

　Rosenzweig（1960）は，初期の実験的な 32 場面で，通常の絵付きの児童用 P-F スタディと，P-F 場面にマッチさせた自由記述の質問法を用いて，生徒の日常行動の予測に 2 つの方法のどちらが有効かをみるための研究を行なった。対象は 40 名の 9〜13 歳までの児童で，最初に P-F を実施し，約 4 か月後に質問紙を実施した。各場面について，2 つの反応のどちらが日常生活で観察された行動特徴を表しているかを選ぶように教師に要請した。判断した教師は，研究の目的を知らなかったし，ペアになった反応がどちらの方法から得られたものかも知らされていなかった。3 名の教師の判断が 1 つにまとめられて，カイ自乗検定で分析された。もし，P-F と質問紙で差異が認められなかった場合，判断は同じ分布になるはずである。分析の結果，32 場面中 14 場面で P-F 反応のほうが質問紙よりも有意に多く選ばれており（$p<.05$），質問紙のほうが多かったのは 1 場面だけであった。32 場面の判断が全体としてまとめられた場合は，高い有意性をもって P-F が多く選ばれる結果であった。絵の刺激をなくして文章だけにすることは，明らかに P-F の投影法としての全体的性質を損なうことになる。

　限定された選択肢の強制選択法が，P-F の投影的性質に対してどのように影響するかに関する研究も行なわれている。Wallon & Webb（1957）は P-F の多肢選択の修正版に対するアグレッション方向のスコアを，マッチさせたグループの標準的方法による P-F の結果と比較したところ，「見せかけ（faking）」行動（意見水準）に類似していたと報告している。客観化された反応様式は，反応をステレオタイプ化するし，標準的方法で実施したときは十分に顕在水準を反映する P-F の結果に対して，その価値を低下させるということは重要な指摘である。Schwartz, Cohen, & Pavlik（1964）も，集団でいっせいに，1 場面あたりの時間を統制した P-F の選択肢法を用いている。彼らは，この選択肢法は MMPI の K 尺度において高得点者と低得点者でアグレッション方向に差異がみられたと報告している。Rosenzweig（1965）は，これ

に対する批判として，時間統制でいっせいに行なう集団法は，非個性力動的方法によって P-F 反応が制限されるので，結果は見せかけに過ぎないし，強制選択による選択肢法は過剰に無責が高くなり，自責が低くなるという，人為的影響を受けた結果を生むことになると明確に述べている。この研究についてこのように再検討すると，Wallon & Webb の結論が正しいと確認できる。

　標準的実施に対して，P-F にマッチさせたさまざまな多肢選択法を用いた研究が行なわれているが，Rosenzweig（1970b）は，どのような強制選択法であれ，標準的 P-F の本質的利点を失わせることを示している。たとえ被検者がマイペースに実施できて，場面ごとに記入するとすぐに取り去る方法でも同じことである。標準的 P-F と比べて，多肢選択法では有意に他責反応が少なくなり，GCR が高くなる。標準の P-F には多少の不便さがあるが（しかし，実施にはおよそ 15 分しか要しないし，熟練者であれば，ほぼ同じ時間でスコアできる），機械化されたどのような多肢選択法よりも，標準法は心理診断的研究にとっての利点が不利益をはるかにしのいでいる。

## 顕在水準対他の水準

　Rogers & Paul（1959）は，P-F は顕在水準を引き出すと仮定して，精神分析理論に基づいて暗黙水準で期待される随伴行動を予測することを試みた。彼らは，「極端な意識的無罰は，その起源に無意識的攻撃の基盤をもっている」（p. 461）という仮説を検証しようとした。P-F で高い M-A スコアの人は，瞬間露出器で提示する刺激に対する反応に，無意識的に統制群よりも有意に自分たちを攻撃的であると評価した（p<.05）ことを見いだした。表象という概念に沿って，P-F で引き出される行動の意味を考えると，高い M-A スコアの人は自己評価を維持するために，無意識的に攻撃性を抑圧しているとみることができる。残念ながら，この研究で用いられたサンプルは少ないが，方法的には今後の研究に重要な可能性をもつモデルを提供している。

　Searle（1976）が 16〜17 歳の 137 名を対象にした同様の研究は，同じ結果を得ている。P-F で他罰反応のスコアと攻撃性の自己評価を組み合わせて，2本の映画（ジェームス・ボンド主役の『ゴールド・フィンガー』と，グレアム・グリーンによるスパイ小説を映画化した『危険な旅路』）の登場人物を評価するものである。その結果，P-F で高い E 反応と，攻撃性で自分を低いと評定したものは，高い E 反応で高い攻撃性と自分を評価したものよりも，攻撃的な映画の登場人物を暴力的だと認知した。この結果は，伝統的な精神分析的理論である「心的プロセスに洞察を欠く攻撃性の抑圧は，他者に対して過剰

な攻撃性を感じるようになる」というきわめて理解しやすい解釈ができる，と著者は結論している．被検者の中には，外部に投射する暗黙水準でP-Fに反応するものもいることを意味している．

　先のRogers & Paul (1959) の研究によると，高い無罰スコアをもつものは無意識的に抑圧した他罰をもつことを実証したが，その後のSearle (1976) の研究では，高いEスコアで自分の敵意を洞察できないものは，無意識的に敵意を他の人物に投射することを見いだしている．これら2人の研究から，P-Fは暗黙水準を引き出す場合もあることが明らかである．しかし，P-Fが暗黙水準を反映しているかどうか，どのようにしたら暗黙水準が得られるかを決めるには，補足的なデータが必要である．注意深い臨床的な手続きの中で，テスト実施後の質問が水準の判断に役立つだろう．

　Nencini & Misiti (1956b) は，20名を対象にP-Fを実施した後で，日常生活の場面で「言った (said)」反応，「考えた (thought)」けれども実際には言わなかった反応，各場面で適切だと思う「意見 (opinion)」の反応を求めた．これらの結果を標準的P-Fを受けた統制群の結果と比較したところ，「言った」反応の実験群が統制群の反応に最も類似していた．実験群の「考えた」反応と「意見」反応は，統制群の反応との間に有意な ($p<.05$) 差が認められた．Bell & Rosenzweig (1965) は，P-Fの投影距離が短くなるように（被検者が場面への同一視を高めるように）教示を変更したところ，投影距離が長くなるように教示したときよりも，日常生活での行動を示すと考える反応が多かったと報告している．Trentini (1961) は，P-Fの結果が学業成績に影響すると告げられた対象と，無記名でP-Fを実施した対象との間にスコアの差がなかったと報告している．教示によって，P-Fのスコアは影響されやすいことがこれまでに明らかにされているので（Silverstein, 1957; Wallon & Webb, 1957），この結果は疑わしい．さらに，Mirmow (1952b) とSutcliffe (1955) がP-Fを無記名で実施すると，社会的に同調する反応が減少することを示している．

　P-Fによって測定された言語的攻撃は，個人の全攻撃レパートリーの一部の指標とみられる．この仮定から，顕在的な攻撃行動とP-Fスコアをマッチさせる際に，研究者たちが高範囲な基準を用いてきた．Mirmow (1952b) は，未発表の研究を引用しているが，そこでは6か月〜3年の期間に，同じ研究室で働いていた6名の臨床心理学者たちが，P-Fに習熟する前に受けた仲間の無記名のP-F反応記録が誰のものかを同定することが試みられた．その結果，1%以上の水準で正確に同定された．第2の研究で（Mirmow, 1952b），25名の入院している神経症者と精神障害者のP-F反応記録を，主治医の精神科医

が記録したフラストレーション場面での反応パターンの特徴についての質的な要約とマッチさせた。その結果，全体として有意な（p<.01）マッチングであったが，P-F に関して妥当性を判断するのに必要なデータがまったく示されていない。

　Albee & Goldman（1950）は，病棟の看護師によってまとめられた事故の報告に基づいて，他責か自責に分類された 65 名の精神障害者の P-F スコアを比較している。これらの分類と P-F スコアとの間に信頼できる関連はみられなかった。この結果は，恐らく P-F で測定された対人的フラストレーションへの反応パターンに対して，基準（事故）のもつ複雑な関連性を考えると，驚くにあたらない。ここで紹介しなかったが，同じような基準の妥当性について疑問のある研究（たとえば Holzberg & Posner, 1951）や基準の信頼性に問題のある研究（たとえば Pareek, 1964）もある。

　Lindzey & Goldwyn（1954）は，20 名の大学生について，前述の 3 つの水準に関する独立した測度と P-F の E-A スコアの比較をしている。その結果，E-A と観察者による評定（顕在水準）のみに有意な（p<.05）関係が認められた。Christiansen（1959）は，ノルウェー版の P-F を 136 名に実施した後で，反応水準を求める 5 段階評定尺度を行なった。その結果，最も多くの対象が顕在水準で反応していたが，テスト中に一貫してこの水準で反応したものはわずかであったと報告している。P-F は日常生活での反応を前もって調べた質問紙と高い関連がみられている。Nisenson（1972）は，カタルシスと非カタルシス条件で，他罰の程度に関連するフラストレーションへの攻撃反応を検討している。その結果，「P-F スタディは，フラストレーション反応における予見可能な攻撃段階に応じた人を選ぶのに有効である」ことを見いだした。

## 暗黙水準

　Rosenzweig（1960）は，児童用 P-F の行動水準（意見または暗黙）を明らかにするために，健常児と不適応児とを比較した Wechsberg の研究を紹介している（顕在水準は除かれている）。個人内の分析結果によると，健常児は明らかに暗黙水準と意見水準を区別していて，P-F の結果と自己概念に関する質問紙の得点との間に，ある程度の一致がみられた。不適応児には行動水準間で一貫した差異がみられず，P-F スコアは空想行動と類似していた。Lockwood（1975）は，フラストレーションを経験した後で空想を自由に表現させたところ，P-F の空想反応との類似がみられたことを明らかにしている。

パーソナリティ構造を明らかにすることを直接の目的としている他の投影法とP-Fとの間に，背景として共通した力動性があるならば，単純に他の投影法とP-Fに関連性があると考えられる。Lindzey & Tejessy（1956）は，TATとP-Fについて行動水準に関する研究を行なっている。その結果，TATにおける攻撃「指標（signs）」は自己評価，P-FのE-A，I-Aとの間に有意な（p<.05）関係が認められたが，TATの攻撃指標と観察者の評定や診断会議でなされた評定との間に，ほとんど関係が認められなかった。しかし，これはさまざまな評定に基づいて作られた特定の基準に問題があるので，この研究から出された結論は根拠が乏しいといわざるを得ない。

Schwartz（1952）は，P-Fとロールシャッハのスコア間にほとんど有意な関連が認められなかったが，E-A，I-A，N-Pと興味検査の項目とは有意な関連が認められたことを明らかにしている。しかし，Palmer（1957）はロールシャッハの体験型とP-Fカテゴリーのスコアを比較して，ロールシャッハの知覚様式は，P-Fの反応型と類似していると暫定的ながら結論している。Lindzey & Goldwyn（1954）は，P-FのE-Aスコアと，暗黙的行動を引き出すと考えられる言語連想法との間に有意な関係は認められなかったとしている。Kaswan, Wasman, & Freedman（1960）は，121名の州立刑務所の受刑者についての研究で，P-FのE-Aスコアと，ロールシャッハ，態度尺度，精神医学的面接票，事例史のデータなどから得られた22の攻撃指標との関連を調べた。その結果，高いE-Aスコアと10個の攻撃指標との間に，カイ自乗検定で有意な関係が認められた。著者らは，P-Fからはテスト基準に関連するグループの特徴について，意味のある明確なパターンは得られなかったが，攻撃の測度とは有意な関連があると結論している。

これまでの研究は，技法についての行動水準の問題を明らかにする際の基本的枠組みを提供している。P-Fに関していえば，現時点で明確な一般的結論にまだ到達していないことははっきりしている。標準のP-Fは，構成体の特徴からみて，意見行動とは異なる結果が得られるといえる。絵画の様式は，被検者がフラストレーションに陥っている人物と同一視できるように，また反応に制限を加えておらず，被検者の個性力動的な考えに従って答えられるように仕向けている。これらが結び付くことによって，P-Fを自己批判的な意見水準反応の査定を超えるものにしている。P-Fの多肢選択の修正法は，反応の選択がアグレッションの型と方向の組み合わせによる，心理的に実在する複雑な反応を取り入れることができないので，被検者のフラストレーション反応の表現を制限している。このような修正版は，アグレッション方向の比率に違い

3章　構成的妥当性

がみられ（教示の変更によってE-Aが低く，I-AとM-Aが高くなる），集団一致度の変化（GCRの増加）がみられる。質問紙や強制選択の様式は，修正によって「見せかけ（faked）」行動を助長し，テストが意図している投影的性質を否定し，さらに，専ら人口統計的な面を強調することによって診断的有効性を損なう，などの理由から承認することはできない（Rosenzweig, 1965）。

Rosenzweigの初期の仮説を実証する研究で，P-Fは全体としてみれば（必ずとはいえないが）健常なグループでは，顕在水準で作用していることが実証されている。しかしながら，P-Fスコアと他の独立した顕在行動の測度とを比較することによって，この考えを確認することは難しいことがわかった。研究者の中には，対人的なフラストレーションとはほとんど関係のない行動基準や特殊な状況のために，攻撃レパートリーの貧弱な指標でしかない行動基準を選ぶようなものもあった。P-Fのアグレッション型がしばしば比較から除かれていることもある。結局，用いられた基準の測度の信頼性が不十分であったり，疑わしいことも少なくない。

他の投影法や半投影法（暗黙水準を引き出すと仮定される）とP-Fの関係についての結果は，総じて一貫性がない。これらの技法を比較する研究で，行動水準の統制が十分でなかったり，まったく統制されていないことを考えると，技法間に有意な関連がほとんどみられないだろうし，根拠も乏しい。さらに，TATやロールシャッハのような技法は，攻撃を直接に測定するものではなく，結果を解釈する臨床家の能力が，他の技法との関係の有無を決定するに際して，大きな不確定要素となっている。技法の提示順序も結果に影響する。たとえば，P-Fの前にTATを実施すると，P-Fの他責反応が有意に増加することが明らかにされている（Berkun & Burdick, 1964）。最後の問題は，ある技法の妥当性を検証するために，それ自身の妥当性が疑わしい，あるいは貧弱な，他の技法とそれを比較することがあり，そこで得られた結果は，不確かで誤った解釈になりやすい。したがって，投影法間の関連性はより体系的な構成的妥当性研究に沿って解釈されたときに初めて有効になる。

健常な対象では，いつでもP-F反応に顕在行動が反映するとは限らない。重罪犯と非行少年を対象にした以前の研究で（Rosenzweig, 1963），このような対象は，暗黙か意見行動のいずれかの反応をしやすいことを示している。明らかに動機的な要因で，特に社会的望ましさが行動水準に影響するので，臨床的な解釈では常に注意を払う必要がある。

水準と直接に関連する問題ではないが，初版のP-Fスタディから，「ユーモラスに答えないように」という文言を教示から削除した修正について触れてお

*047*

きたい。この問題を直接取り上げた研究で（Rosenzweig, 1950f），ユーモラスな反応もユーモラスでない反応と同じように，簡単にP-F分類のスコアリングができたので，被検者がユーモラスに答えたかどうかは重要でないことが実証された。結局「ユーモラスに答えないように」という注意は1950年の初めに成人用の教示から削除され，児童用についても同じように変更された。しかしここで強調したいことは，舞台の上だけでなく，日常生活でもみられる3つの主要なタイプに対応するユーモアの分類という思わぬ掘り出し物が，この研究によって明らかになったことである。すなわち，話し手にとって外部の人やものに向けて冗談の標的にする「他罰的ユーモア」，偽マゾキスト的なやり方で話し手自身に向けられた「自罰的ユーモア」，不安を害のないやり方で解消して当惑をうまく取り繕う，ナンセンスな表現の「無罰的ユーモア」である。ユーモアがフラストレーションと密接に関連していることは以前から知られているが，P-Fカテゴリーによって示された分類は，これまで明快に示されることはなかった。この発見は，P-Fの仮定された構成的妥当性に二次的な側面を付け加えている。

　この面での妥当性を確証するには，P-Fや関連する実験的ないし診断的手続きによるいっそうの体系的研究が必要である。3つのタイプのユーモアは，恐らくアグレッション・カテゴリーの理解のためだけでなく，フラストレーション経験に関連した行動様式としてのユーモア自身の知識に寄与するものとして追究され，よりいっそう明確にされるだろう。

## (5) 実験的フラストレーション

　P-Fの構成体が生まれるには，自我関与の変化を操作した完成課題と未完成課題に関連する，フラストレーションの実験的研究が関係している。これらの構成体の妥当性検討を進めるには，ストレス経験後のフラストレーション反応の変化をみるために，P-Fを従属変数とすることが考えられる。

　Lange（Mirmow, 1952bに引用）は，大学生を対象にした2つの平行グループに，6週間の間隔を置いて別々の場面でP-Fを実施した。実験群は24時間の睡眠剥奪（断眠実験）の直後に2回目のP-Fを受けた。統制群は2回のP-Fの結果にほとんど変化がなかったが，実験群では自我（生態）防衛が増加し，障害優位と自責が減少し，他責が高くなる傾向がみられた。O-DからE-Dへの移行は，フラストレーション後の強い防衛を示しており，I-Aの減少とE-Aの増加は，初期の反応パターンへの退行と考えられる。Loveland & Singer (1959) は，兵士のグループを対象に，98時間の睡眠剥奪群と統制群

について比較したところ，P-Fにもロールシャッハにも，有意差は認められなかったことを明らかにしている。しかし，この研究はたった1週間のうちに，各グループに3回も同じテストを実施するという手続き上の問題があるので，結果はあまり信頼できない。Franklin & Brozek (1949) は，P-Fは半飢餓の条件に関連するフラストレーションの効果がみられなかったと報告している。実験群の動機付けに関する方法的な配慮や，実験的統制群を設けていないという点で，結果について疑問をもたざるを得ない。

　Lindzey (1950b) は，一連の生物的，社会的フラストレーション状況を経験するとE-Aが増加すると報告している。French (1950) は，80名の学生を対象にして，最初のP-F実施後3週間の間隔をあけ，意図的に変更した授業のテスト成績を返却した直後に2回目のP-Fを実施した。その結果，最初のP-F実施のときは両群の学生間に差がみられなかったが，劣った成績を返された学生は，2回目のP-Fで高い他責と低い自責固執を示した。これはおそらく，悪い成績を受け取ることによってストレスを感じたと解釈できるだろう。Pareek (1964) は，12歳の50名の少年にインド版児童用P-Fを実施している。最初は標準的方法で実施し，2週間後，フラストレーションを感じるような操作による知能テストを受けさせた後に2回目を実施した。その結果，2回目ではE-A（p<.05）とO-D（p<.01）が有意に増加し，I-A（p<.01）とE-D（p<.01）が減少したことを明らかにしている。残念ながら，この研究では統制群が用いられていない。

　一般的に，研究の結果は外的なストレスを経験すると他責の平均は増加し，自責が減少する結果となっている。アグレッション型については，あまりはっきりした結論は得られていない。フラストレーションのおもな効果は，発達した建設的なN-Pよりも，原始的な反応型のO-DやE-Dが中心になると思われる。矛盾した結果は，おそらく被検者個人の成熟の違い，フラストレーション介入の個性力動的な受け取り方，テストを受けるときの構えなどによると思われる。

　研究結果は，一般的にフラストレーション反応は状況と力動的な構成要素との合成から生ずることを示している。すべてのP-Fカテゴリーは，有意な再検査信頼性をもっていることが示されているが（Rosenzweig, Ludwig, & Adelman, 1975），カテゴリーの平均再検査信頼性は.50～.66の範囲であり，アグレッション方向は高くて，アグレッション型は低い値である。もしアグレッションが不変のパーソナリティ特性ならば，再検査信頼性は1.00に近づくはずである。しかし，報告された再検査信頼性の値は交互作用効果の仮定に一致

しており，それは有意な安定性は典型的な反応様式にみられ，誤差分散の大部分は状況因子を表しているためである．全体として，これまで報告された研究結果は，この見解を確証し，P-Fの構成的妥当性を支持する傾向にある．

## (6) P-Fカテゴリーと生理反応

P-Fがよって立つ力動論は，心理生理的見解から打ち立てられたものである．Rosenzweig (1944) は，フラストレーション理論に本来備わっている面として，防衛水準の重要性を力説した．したがって，P-Fの構成体と生理的関連がみられることは驚くにあたらない．

Funkenstein, King, & Drolette (1957) は，ストレスの状況（フラストレーション）に置かれたときに，怒り表出（E-A）または非情動（M-A）に反応した学生は，弱い生理反応で多量のノルエピネフリンを分泌した，と報告している．怒り内向の人（I-A）は強い生理反応とエピネフリン様の物質を分泌した．著者らは，他責は原始的な反応様式であり，怒りは自己から離れて外に向かって表出されるが，ほとんど危急反応の必要がないと述べている．一方，自責はより「教化された (civilized)」反応であり，反転した怒りが自己に対して現実的な脅威となるので，危急反応が必要となると説明している．*Schildkraut & Kety (1967)* は，ノルエピネフリンは外部に向かう行動（P-FのE-A）と関係しており，エピネフリンは受動的な不安行動（I-A）と関係がある，という仮説を支持した多くの研究について論じている．

攻撃的なパーソナリティ特性とカテコラミン分泌とを関連させる試みは，はっきりしない結果であったが（*Silverman, Cohen, Zuidema, & Lazar, 1957; Frankenhaeuser & Kareby, 1962*），これはある程度，用いられたパーソナリティ査定の方法が異なっていたことや，文化差を無視したことによる可能性もあるだろう．Fine & Sweeney (1968) は，ノルエピネフリン対エピネフリンの比率（NE/E）のほうが，ノルエピネフリンとエピネフリンを個別に扱うよりも，修正TATから得られた攻撃特性の高低によって評定された対象を判別するのに有効であったことを明らかにしている．P-Fの結果は明確でなかったが，NE/EはE-Aと正の関連があり，I-Aとは負の関係があるという予期された方向を示した．著者らは，P-Fをパーソナリティ特性やタイプの安定した測度という誤った見方をしているので，カテコラミンのサンプルが，P-Fが実施されたときと同時に採取されない方法が用いられている．オルポートA-S反応研究（*Allport, 1928*）は，比較的永続的なパーソナリティ特性を査定する測度とされているが，それとは違って，P-Fはフラストレーションに対

する反応タイプを明らかにするもので，個人的にある程度一貫性があるものの，状況の要因によって影響されると考えられている。P-F の分類指標によって，NE/E は特定のストレス状況（個性力動的な経験として）と比較的安定した攻撃力動との相互関係に有意に関係している，と Fine & Sweeney が結論付けたことも納得できる。

## 4 結論

　半投影法の妥当性を評価する方法は，2つの分野に分かれて発展してきた。一次的なものとして構成的および基準関連妥当性があり，ここでは，根底にある概念に関連して堅実性と首尾一貫性に重点を置くか，あるいは技法の結果と特定の外的変数の関係に焦点を置くのかのいずれかである。二次的なものとしては実用的妥当性があり，応用分野での技法の適切さと技法の有効性である。二次的研究からのフィードバックは一次的研究を促進し，技法が適用できる限界を明確にするだろう。このような妥当性研究のすべてから，投影法や半投影法は一般的な意味での心理測定的テストではなくて，用具であることが認められるべきである。検査者あるいは臨床家の能力が施行中の技法にとって不可欠な部分を占めており，この事実はもっと明確に認められて，妥当性研究に取り入れられるべきである。

　構成的妥当性モデルによる P-F スタディの妥当性評価は，次の結果が得られている。

①期待した発達的パターンが，標準化のデータで認められる。
②P-F の構成体は，基本的フラストレーション理論に関連して構造化されたスコアのパターンを構成している。
③因子分析は，P-F のような仮説演繹的技法にあまり適していない。
④P-F は，行動の顕在水準で作用しているとみなされるが，特別な人や項目（場面）によっては常に他の水準で作用することもある。
⑤言語的攻撃は，他の顕在的行動に対して部分的にしか一般化できない。
⑥ストレスを経験すると，P-F スコアに明らかな変化が生じる。
⑦P-F の構成体は，状況的行動と長期にわたって安定したパーソナリティ特徴との交互作用を表している。
⑧P-F のアグレッション方向と生理的な関連性が認められる。

## 1部　P-Fスタディの現況

　アグレッション型よりも方向についての妥当性のほうが多くの支持を得ている。基本的問題は，攻撃の破壊的な効果について過剰な注目が集まり，攻撃の肯定的（建設的）側面への認識が乏しいことである。攻撃の生態（自我）防衛と，フラストレーションにもかかわらず解決に向かって努力する行動との均衡を探究するような，今後の研究が強く望まれる。

# 4章

# 基準関連および実用的妥当性

　あるテストを，他の心理診断的テスト，行動評定，文化的に明らかにされた社会的地位の差などから得られた基準との関連をみることで，基準関連妥当性が確立されることはすでに述べた。P-Fスタディについても，行動評定とか，さらにパーソナリティ質問紙からのデータと比較されてきた。多少違ったアプローチとして，文化的に規定された攻撃水準で分けたグループに焦点を当てた研究がある。これらの2つのアプローチで得られたおもな結果をここで紹介する。

## 1 他のテスト基準との比較

　P-Fのスコアと，顕在行動あるいはP-F以外の投影法から得られた攻撃の評定との関係には，P-Fが作用している水準の判断とそれに対する攻撃の基準がかかわっていることが明らかにされている。したがって，これら2つの領域における結果は，構成的妥当性のところですでにレビューした。ここでは，心理測定的テストデータとの比較から得られた結果を考察する。

　さまざまな研究者が，P-Fスタディの結果と，パーソナリティや適応目録から得られたスコアとを比較している。ある初期の研究は，P-Fのアグレッション方向とGCRについて，MMPI，バーンリューター人格目録（BPI），ベル・適応目録，オルポート・バーノン価値研究，知能検査，社会経済的地位などのスコアとの関係をみている（Falls & Blake, 1949）。その結果，P-FのE-A％と，ベル・適応目録によって測定された一般的不適応と社会的不適応に，正の相関があることを見いだしている。P-Fの無責反応は，MMPIの抑圧とヒステリーおよびベルの社会的不適応とは負の関係に，BPIの支配性とは正の関係にあった。GCRは，BPIの学業達成と支配性とに正の関係，MMPIの心気症およびオルポート・バーノンの宗教的価値には負の関係を認めた。著者らは，P-Fでみられたように，パーソナリティ査定としての投影法は，厳密な心理測定的な測度と「機能的に関連（functionally related）」していると結論

している。Shupp（Mirmow, 1952b の報告による）と Quay & Sweetland (1954) は，BPI と MMPI についてそれぞれ同じ結果を得ることができなかった。しかし，概念的な問題が後者のような否定的な結果をもたらしたと考えられる。たとえば，Quay & Sweetland は E-A と I-A は情緒的不適応で，M-A は適応であるというような，単純すぎる仮説で研究を行なっている。

しかし，多くの研究は P-F スタディと心理測定的テストとの間に関連を認めている。Karlin & Schwartz (1953) は，ジョージ・ワシントン大学社会知能テストとオーチス精神能力テストなどから得られた能力の指標が，フラストレーション反応型と関連があることを示唆している。話し手の精神状態の理解は，I-A と M-A スコアに正の相関があり，E-A とは負の関係が認められたが，一般的知能は場面の問題状況を判断すること（O-D），および問題解決を図ろうとすること（N-P）と関連していた。マズローの SI（Security-Insecurity：安定-不安定）目録で，安定性高群の学生と低群の学生では E-A と M-A で有意な差がみられた。すなわち，不安定群は他責が高く，無責が少ないという結果であった（Bennett & Jordan, 1958）。同じ時期になされた 157 名の 5 年生の児童についての研究で，不正行為への処罰に関する質問紙に対して，高い得点と低い得点を示した児童間に P-F スタディ反応の違いがみられたことを示している（Levitt & Lyle, 1955）。処罰で高い得点の児童は，P-F の標準よりも有意に高い他責と障害優位，低い自責を示した。一方，低い処罰得点の児童は，標準よりも自我（生態）防衛が低く，要求固執が高かった。成人を対象にして，適応状態の低いグループ，普通のグループ，高いグループ間に，P-F のカテゴリーである I-A，M-A および GCR で有意な差がみられた（Smith, 1958）。成人を対象にした最近の研究では，アグレッション方向とパーソナリティ因子との間に有意な関係を認めている。Schalock & MacDonald (1966) は，P-F スタディとキャッテル 16PF 人格検査を 164 名の高校生と大学生に実施している。その結果，他責は男性で，疑い深い，不安，固くなると正の関係があり，自責は男女とも，疑い深いと負の関係，無責は女性では，大胆さと負の関係，男性では，自信と正の関係があることを示している。同じように，少年犯罪者を対象にしたムーニー問題チェックリストの求愛・性・結婚，道徳・宗教，家庭・家族などの項目は，P-F の他責と負の関係があることを示している（Mukerji & Debabrata, 1968）。

## 2 継続的臨床予測

　継続的臨床予測の方法（Rosenzweig, 1950c）は，心理測定的テストおよび投影法を用いた P-F スタディの基準関連妥当性を評価するために用いられた方法である（Mirmow ——Rosenzweig, 1960 参照）。カンファレンスで多くの臨床家が，すでに実施された心理テストの結果を参照して，未知の対象に対する P-F の結果を予測する。Mirmow による研究では，24 名の児童の P-F の結果予測を行なっている。まず事前に考えられた仮説から予測をするが，その予測はカンファレンスで認められたり，認められなかったり，修正されたりする。一連の予測が行なわれた場合，もし P-F が十分な妥当性をもっているならば，P-F 自身の妥当性がしだいに明確になるだろうし，予測の判断もしだいに正しくなると考えられる。P-F 全体の反応記録を目隠しで，誰のものかを推測したところ，この研究を行なった初めの 10 ケースよりも後の 9 ケースのほうが有意に正しく同定されたことが明らかになった。さらに，この 19 ケースのうち 10 ケースについて，対象の P-F を全体として正しく同定していた（カイ自乗検定で $p<.01$）。全体の予測と実際の P-F スコアとの相関は，E-A，I-A，M-A，GCR で有意な関連が認められたが，アグレッション型では有意な値は得られなかった。

　これらの結果は，P-F のカテゴリーの中には，心理測定的テストから得られたパーソナリティや能力の測度と関連するスコアもあることを示している。しかし，個々のカテゴリーのスコアから他の行動を予測することは，フラストレーションに対する個人の全体的な反応の限られた一面しか利用できないので，危険である。P-F の個々のスコアや特定の側面を用いることは，比較を目的とした研究ならば認められるにしても，このような手続きだけに信頼を置くことは，集団基準を重視し，反応の全体的な様相を検討して得られる情報を軽視することによって，P-F の半投影的性質を損なうことになる。継続的臨床予測法は，P-F スタディの全体的な予測的妥当性にとって，洗練された実証法を提供している。

# 3 集団差

## (1) 犯罪・非行

　犯罪者や非行少年は，西洋文化（法的な意味ではなく，社会的な意味）においては，一般的に普通の人たちにみられるよりも，高い敵意的水準を示す人物だとみられている。この文化的な考え方に基づいて，P-Fスタディが健常者と犯罪者との間に予想される攻撃面での有意な差異を反映するかどうかの研究が行なわれている。

　成人の刑務所の服役者とマッチさせた統制群，あるいは標準化集団のP-Fスコアを比較した研究結果の結論ははっきりしていない。初期の研究で，大学生は囚人よりも有意に高い他責と低い自責であったことを見いだしている（Fry, 1949）。しかし，この研究では年齢，社会的地位，教育水準に関して2つのグループ間で比較されていないので，これらの結果の解釈が困難である。精神障害者と身体的暴力犯とをマッチさせた健常グループとの間におけるP-Fの比較では，有意差がみられなかった（Holzberg & Hahn, 1952; Mercer & Kyriazis, 1962）。一方，政治犯の強制収用所の経験をもつグループと，産業や農業の強制労働の背景をもつ2つのグループの研究で，P-Fに有意な差がみられなかったが，両グループともに他責スコアの高いことが認められたことを明らかにしている（Grygier, 1954）。さらに，難民で非行少年と非行のない少年のP-Fスコアを比較すると，非行少年は他責が高くて自責と無責は低い傾向を示したという研究もある。しかし，この研究はサンプルの人数が少なく，両群の人数が等しくないことやマッチングが不十分なことから，妥当性が低い。

　これまで紹介した結果と類似しているが，Kaswan, Wasman, & Freedman (1960) による研究がある。彼らは，刑務所の服役者で121名の高他責スコアのものは，他のさまざまな攻撃指標と関連していたと報告している。この結果に反して，Megargee (1966b) は，極端な暴力犯は暴力犯以外の囚人や健常集団よりも有意に低いE-Aスコアであったという研究を引用している。彼自身の研究でこの結果を実証できなかったが，囚人はP-F反応でE-Aを低く，GCRを高くするという「見せかけ（faked）」の答えをしたことを明らかにしている（この研究対象は，P-F反応でよいまたは悪い印象を与えるように操作して表現する能力をもっていたことが認められる——Rosenzweig, 1950b; Silverstein, 1957）。

非行少年に成人用 P-F を用いた結果によると，同じように一貫性がない。非行の少女は非行のない少女よりも低い E-A と GCR，高い I-A と M-A を示したと報告されている（Vane, 1954; Sivanandam, 1971）。これらの結果について，非行少女は自分をまともに見せようとする傾向がある，と明確な説明をしている。これに対して，Towner（Mirmow, 1952b の報告による）は，非行の男子は，健常集団よりも有意に低い I スコアであったことを示している。この結果は，非行少年は罪の意識や自責の感情に乏しいという見方を支持していると解釈されている。さらに問題が複雑なのは，Norman & Kleinfeld（1958）が，スペイン系アメリカ人の非行少年 20 名と健常な少年 22 名の統制群との間には P-F スコアに有意差がなかったと報告していることである。この，差がないという結果を説明するための試みとして，Swickard & Spilka（1961）は，男女の非行少年 74 名（37 名のスペイン系アメリカ人と 37 名の非スペイン系アメリカの白人）を対象にして，P-F スタディ，シーゲル顕在性敵意尺度，および MMPI から抽出された 39 項目の社会的望ましさを実施している。著者らは，パーソナリティテストに対してよい印象を与えようとする非行少年の傾向を考慮して，P-F スタディと顕在性敵意尺度の得点を修正した。その結果，両グループ間で修正した顕在性敵意尺度のスコアに有意差がみられたものの，P-F のアグレッション方向の修正されたスコアの平均には，有意差がみられなかったと報告している。

　P-F の児童用が問題行動や非行の研究に用いられている。適応上の問題をもつ 32 名の男子についての研究で，高い他責と低い GCR スコアであることを明らかにしている（Ferguson, 1954）。比較の対照に，標準化の基準ではなく，マッチさせた統制群を用いた研究で，GCR には差がなかったが，統制群よりも低い他責を示している（Lindzey & Goldwyn, 1954; Singh, Paliwal, & Gupta, 1972）。しかし，Pareek（1964）は，P-F のインド版児童用の標準化で得られた健常集団と，20 名の非行少年の P-F スタディの結果を比較したところ，アグレッション方向にも，型にも有意差がなかったと報告している。ただしこれらの非行少年は，健常グループよりも GCR で有意に低い値であった。

　これまでの研究は，グループ間の比較をする際に，個々の P-F カテゴリーに重点を置いている。P-F 因子のクラスターとカテゴリー・スコアを用いてグループ差を明らかにしようとする，有望で新しい方法が Rauchfleisch（1973, 1974, 1976）によって実証されている。彼は P-F の結果と IQ 得点を「形態頻度（configuration frequency）」によって分析し，この方法を 189 名の非行少年に適用している。その結果，3 つの典型的なパーソナリティ・プロフ

ィールを明らかにした。すなわち，低いIQ，低いE'，高いIとMというグループ，低いIQ，低いE，M，i，高いE'とI'というグループ，高いIQ，低いI'，M，N-Pと高いEというグループである。RauchfleischのアプローチはP，非行少年を一枚岩のような存在だとみなしがちな，素朴な考えの人たちに注目させるという意味で重要である。

　少年非行についてのこれまでの多くの研究がもつ問題の1つは，対象に適合していない技法を適用していることである。P-Fの青年用はごく最近に利用できるようになったので（Rosenzweig, 1970a），それまでの10代を対象にした研究は，成人用か児童用を用いている。しかし，児童用は（Rosenzweig, 1977a）厳密には13歳までに適用され，成人用（Rosenzweig, 1978b）は最初の標準化が14〜19歳の年齢で行なわれたが，現在では青年用（Rosenzweig, 1976c）がこの10代の時期に適用できるようになっている。重犯罪や非行を対象にした研究の多くで，より基本的な問題が生じている（Rosenzweig, 1963）。それは，ほとんどの研究者が，P-Fのような半投影法が引き出す3つの行動水準——意見・顕在・暗黙——についてほとんど触れていないことである（Rosenzweig, 1950b）。自分の敵意的態度を公然と否定することに慣れている暴力的非行少年は意見水準で反応し，普通あるいはそれ以下の少ない他責を示すだろう。非行少年のP-Fスコアは，それが自分を利することになると判断して，自分をよく見せようとすることを反映する可能性もある。さらに，犯罪者の中には，暗黙的水準で実際に健常者よりも自責的である可能性もある（精神分析の概念である「罪悪感による犯罪行為（criminality from a sense of guilt）」）。もしこの水準で反応すると，これらの犯罪者は，健常者よりも高い自責スコアを示すだろう。非行少年が，文化的に規定された立場で，一般的に期待される顕在水準でP-Fに反応すること（構成的妥当性の議論で提唱されたように）は，むしろ例外といったほうがよいかもしれない。さらに考えねばならないことは，きわめて多様な反社会的行動を含んでいる「非行（delinquent）」という言葉の使用上の問題である。Rauchfleischは，さまざまな攻撃プロフィールをもつ多くのタイプの非行少年がいることを見事に示している。われわれは，非行少年や重犯罪者によって表出された攻撃が，P-Fでは必ずしも十分に捉えきれない特定のフラストレーション状況によって，どの程度社会的に条件付けられたかを明らかにしなければならない。

　これらの条件を考えると，これまでの研究は，P-Fは攻撃差に敏感であるものの，最も望ましい形では使用されていないことを実証していると思われる。もし行動水準に影響する動機的変数が考慮され，グループが適切にマッチされ

るならば，より一貫した理論的に明瞭なP-Fの結果が得られるだろう。この点についてのP-Fの基準関連妥当性に関する断定的な結論は，なお一層信頼の置ける研究に待たねばならない。

## (2) スポーツ選手

スポーツ活動は，敵意的衝動を社会的に承認された形に置き換えたものであるというように，狭く考えられることが多い。しかし，P-Fスタディで示されたように，攻撃の広い概念からすると，攻撃エネルギーを表出させる肯定的，建設的行為を認めることが必要である。このような点から，スポーツ選手の自己鍛錬――目標に向かって自己の能力を鍛錬する――が，闘争的または直接的な敵対行動とともに考察される必要がある。

スポーツ選手とそうでない人のP-Fを用いた比較を，いろいろな研究者が行なっている。おもな焦点は，ボクシングに当てられている。というのは，ボクサーの敵意的攻撃がその人にとってスポーツの根源であり，たとえば，フットボールなどように敵意が目標にとって二次的なものではないからである。非常に優秀なイタリア人ボクサーのオリンピック選手を対象にした1960年の研究で，選手たちは標準サンプルよりも有意に他罰的で自我防衛的であることを明らかにしている（Riccio & Antonelli, 1962）。これらのボクサーは，少ない障害優位と要求固執を示している。Mastruzzo（1964）もボクサーが統制群よりも多いE-Aと少ないI-A，M-A，O-Dを示したという，同様の結果を報告しているが，このサンプルでは要求固執が統制群よりも多かった。

アメリカの大学生のボクサー，クロスカントリーの選手と統制群を比較した研究結果をみると，混乱が生じる（Husman, 1955）。この研究では，ボクサーはすべてのグループの中で最も少ない他責を示し，自分の敵意を内部に向ける（I-A）またはどこにも向けない（M-A）傾向がみられている。ボクサーは試合の後で超自我因子に高いスコアを取ったが，おそらくこれは罪悪感を示しているのであろう。クロスカントリーの選手は，すべてのグループの中で最も高いE-Aを示した。イタリアとアメリカのボクサーのP-F結果が矛盾しているのは，ボクサーの役割について文化交差的な相違を反映しているかもしれないし，あるいは技術水準の向上に伴う攻撃反応の相違か，またはアメリカのグループで，P-Fが繰り返しテストされたことによる人為的な影響があるかもしれない。同じスポーツの研究で，イタリアのフェンシング選手は，イタリアのボクサーの結果と類似したP-Fパターンを示すことが明らかにされている。すなわち，高い他罰と自我防衛，低い自責と要求固執である（Antonelli,

Tuccimei, & Celli, 1964)。ソ連のサッカー，バスケットボール，バレーボールの選手がP-Fによって研究されている（Hanin, 1976）が，現在のところここで報告できる資料が入手できない。アメリカのフットボール選手の攻撃性については，Schneider（1974）が研究している。48名のメンバーに対して，試合に勝ったときと負けたときの効果を調べるために，繰り返し（おそらく過剰な回数）再検査する手の込んだ研究を行なっている。その結果，言語的攻撃（反社会的）行動は，フットボールのシーズン中に減少するよりも，むしろ強化されると結論している。

　強い自己鍛錬と情緒的統制を必要とする種々のスポーツで試合をしているスポーツ選手たちは，類似のP-Fパターンをもつことが見いだされている。たとえば，重量あげと自転車競技の選手たちは，標準サンプルよりも少ないE-AとE-D，多いI-AとN-Pを示した（Rapisarda & Mastruzzo, 1960a, 1960b）。これらのスポーツをしている人たちは，自己統制，疲労，身体的苦痛に耐える能力を発達させたときに初めて好結果を得るように思われる。

　Figler（1976）は最近の研究で，攻撃の概念的説明を再検討することによって，攻撃と運動による行動間の関係を調べている。P-Fスタディを研究目的の基本的な方法として取り上げて，P-Fの分類した生態防衛と要求固執に倣って，反応的（reactive）または自我関与的と道具的（instrumental）または問題解決的攻撃という区別がなされた。377名の高校生についての研究で，男性性は反応性と有意な関係があるが，運動への参加には何の差異もみられなかったと結論している。男子のスポーツ選手は女子よりも有意に低い道具的攻撃であり，スポーツに参加していない男子よりもやや低いことが見いだされた。攻撃と身体的な対人的接触の程度によって規定された，スポーツタイプの好みとの関係についても考察されている。その結果，男性性は高い反応的攻撃との関係が認められるが，運動への参加と反応的および道具的攻撃との関係を明らかにするには，さらに研究が必要だと結論している。このような研究は現在も進行中である。

　明らかに探索的な研究の大雑把な調査からでも，P-Fは運動やスポーツにおける攻撃の理解に期待のもてる方法であると結論できるだろう。

## (3) 性差

　最近大きな問題となっている基本的な社会的仮説は，男性は女性よりも攻撃を外部に向けるということである。この攻撃の性差についての仮説は，P-Fでは男性はE-AとE-Dスコアが高く，女性はI-A，M-A，GCRが高いスコ

アが表れると予想される。P-Fスタディが上の点で，またはその他の面で性差が表れるかどうかを明らかにするために，標準化研究およびその他の研究で得られたデータを紹介する。ここでの性差の論議は，考えられる性差の起源についての前提なしで，年齢と発達に関して表れる実証的な差について焦点を当てる。

## 児童用

　一般に，P-Fの児童用で有意な性差はみられていない。Rosenzweig (1977a) は，児童用の標準化基準で性差はないと報告している。さらに，小学生のプロトコルがスコアされてカテゴリーについて比較したところ，有意な性差は認められていない（Spache, 1951; Stoltz & Smith, 1959）。38名の健常児と障害児の研究でも同様に，性差のないことを明らかにしている（Lynch & Arndt, 1973）。文化交差的研究で，714名の旧西ドイツの青年（Simons, 1967b）にも，80名のグアテマラの少年少女にも有意な性差はみられていない（Adinolfi, Watson, & Klein, 1973）。

　P-F場面を特定の欲求阻止者（frustrater）と被欲求阻止者（frustratee）関係の観点から分割して分析すると，一部に性差がみられている（Spache, 1951）。しかしながら，P-F場面で対面している人物の社会的地位は男女に等しく影響すると思われる。仲間によって欲求が阻止された場合は，男女とも高い他責と生態防衛を示し，成人によって欲求が阻止されたときは，高い自罰，障害優位，要求固執を示している。これらの結果の検証を目的とした研究で，Stoltz & Smith (1959) は，欲求阻止者が子どもの場面と大人の場面で有意な性差は見いだしていない。しかし，彼らは成人によって欲求が阻止された場合は，子どもたちはフラストレーションの原因になっている障害の存在を2つに分けて，大人によるフラストレーションでは自分を責めたりするが，子ども（脅威が少ない）によって欲求が阻止された場合は，責任を外部に向けることを見いだしている◆。

　　◆ Spacheは場面15を「子ども-子ども」場面としているが，Stoltz & Smithは「大人-子ども」場面としていて，不一致がみられる。日本版児童用についての訳者の調査によると，場面15はほとんどの被検者が「大人-子ども」と認知していたので，Stoltz & Smithのほうが妥当と考えられる。

## 青年用

　P-Fの青年用を用いた研究では，性差がみられる。Rosenzweig & Braun

(1970) は，224名の10学年と12学年を対象にした研究で，男子は女子よりも有意に高い他責と生態防衛であり，女子は男子よりも有意に高い自責，無責，要求固執，集団一致度であることを見いだしており，同様の結果がLeonardi (1973) と Sharma (1975) によって報告されている。Spache (1951) の結果と同様に，さらに詳細な分析が，欲求阻止者の人物の違いによる差異をみるために行なわれた。その結果，男女とも欲求阻止者が成人のときのほうが仲間のときよりも有意にE-AとE-Dが高く，I-AとN-Pが低いことがわかった。検査対象の性，および絵の欲求阻止者と被欲求阻止者の年齢段階との交互作用について，いっそうの体系的研究が望ましいと著者らは指摘している。

性差は，さらに青年用標準化で集められたデータでも明らかにされている (Rosenzweig, 1970a)。12～14歳6か月の男子は，同年齢の女子よりも有意に高い（$p<.05$）E-A%と低いI-A%であった。14歳7か月～16歳6か月にかけて，男子は女子よりも有意に高い（$p<.01$）E-A%とE-D%，低いI-A%，M-A%，N-P%，GCR%であった。これらの有意差は18歳2か月まで続いている。

これまでの結果は，青年期では男子は女子よりも外部に向かって攻撃的になるという一般的な見方を確証しているが，これはおそらく，年配の世代に対する強い抵抗とみることができよう。10代の青年が仲間よりも成人を脅威的だとみることは，別に驚くにはあたらない。

## 成人用

P-F成人用を用いた研究では，総じて一貫した性差はみられていない。標準化のデータ（Rosenzweig, 1978b）は，どのスコアリング・カテゴリーにおいても性差がないことを明らかにしている。Bernard (1949) は，男性は女性よりも有意に他責的であることを見いだしているが，Moore & Schwartz (1963) による201名の大学生のサンプルでは，一貫した性差はみられていない。Bernardは対象の年齢を報告していないので，彼の結果にはあいまいなところがあるが，後期青年期の差を表しているかもしれない。成人用の標準化された基準を検討してみると，10代の動揺の時期がいったん過ぎると，少なくとも中年までは男女とも同じようなフラストレーション反応のパターンを示している。高齢者について明確なことをいうには，さらに多くのデータが必要である。

以上のように，P-Fは攻撃における性差には敏感だと思われる。研究結果は，男性と女性は青年期においてのみ，P-Fによって得られた言語的攻撃の

タイプが有意に異なることを示している。児童期と成人期は男女ともに，健常な人はフラストレーション反応に関して同じ発達パターンを経験している。しかしながら，その先では後期成熟期に変化が生ずると思われる。攻撃の発達的側面はP-F理論の背景にかかわっているので，この問題は構成的妥当性のところですでに論議されている。

## 4 実用的妥当性

　実用的妥当性の研究は，種々の社会的場面で選考やスクリーニングの手段としての有効性を評価しようとするものである。すべての実用的な応用は，技法の構成的および基準関連妥当性がすでにあることを前提とすることから始まるので，これらの研究は一次的妥当性に対して直接何かを明らかにするとは考えられない。その代わり，実用的研究は技法の見かけ上の限界を明らかにする。すなわち，実用的研究は技法が適する有効な場面を明らかにし，そのことによって二次的にいっそう充実した一次的妥当性の研究領域を明確にするものである。P-Fが最も頻繁に用いられてきた社会的状況は，企業と産業，学校，裁判所と刑務所，病院と診療所，文化（国および文化交差的状況）などであり，それらについてここでレビューする。

### (1) 企業・産業

　企業場面で最もよくP-Fが用いられてきたのは，人事の適格審査と選考である。仕事の態度の評定とか，作業の測度などとP-Fスコアが比較されて，昇格の候補者を選考する試みがなされている。Sinaiko（1949）は初期の研究で，P-Fがデパートの売り場責任者の職務遂行を予測できるかどうかを調査した。職務遂行スコアをP-Fカテゴリーと比較したとき，M-Aが職務サービスの長さと関係があり，I-AとN-Pは職務評価と正の相関があり，E-Aは職務評価と負の相関があったと報告している。これらの結果は，優れたセールスマンは顕在的攻撃を抑制しなければならないし（消費者は王様），自分の最終目標に向かって頑張らなければならないという予期と一致している。P-Fのスコアを1つの指標としてまとめると，売り場責任者で上位に評定されたものは15人中10人が基準点より高く，下位に評価されたもの15人中11人が基準以下であった◆。同じく見習い警察官の選考過程で，E-DとI-Aスコアを他の心理テストデータと総合して，勤務評定の予測との関係をみたところ，有意な重相関係数が得られている（DuBois & Watson, 1950）。その後，P-Fが工業

視察官（Perczel & Perczel, 1969）やセールスマン（Van Dam, 1970）の中での業務成績を予測するために用いられている。後者の研究は，Sinaikoの結果を確証している。すなわち，優秀なセールスマンは，高い無責と要求固執，低い他責と生態防衛の傾向を示している。

◆ （I+M+N-P）-（E+E-D）の公式で得られた値を指標として「2」を基準点としている。

P-Fを軍隊のスクリーニングの手段として用いることが試みられている。ベルギーで，P-Fは陸軍将校の選抜であまり有効でないことが見いだされている（Delys & Zeghers, 1955）。しかしフランスでは，P-Fが陸軍航空隊のプログラムにパイロットとして残ったものと落伍した士官候補生を判別するのに有効であった（Boisbourdin, Michel, & Peltier, 1956）。プログラムに残った士官候補生は，落伍した士官候補生よりも有意に高いGCR％と，スコア不能反応数が少なかったことを示している。Wallon（1956）は，飛行訓練を修了した海軍の士官候補生と修了できなかった候補生の間のP-Fスコアに有意差を見いだしていない。しかし，訓練初期に止めた士官候補生は，後期に止めたものよりも有意に他責的であった。自責も，中退したものの中で，プログラム期間中における中退に至るまでの時期と正の相関が認められている。

## (2) 学校
**学業成績**

学校における学業成績の高低が，フラストレーション反応で異なるパターンを示すか否かを明らかにするために，P-Fを用いた研究では，かなり一貫した結果が得られている。初期の研究で，学業成績が優れていると報告された6年生のP-Fスコアが，学業成績が劣っていると報告された生徒のスコアと比較されている（Junken, 1953）。この2つのグループ間でP-Fスコアに有意差がみられていない。しかし，成績の基盤として，権威が違う人たちに対して，違ったフラストレーション反応をすることが考えられる。P-Fをさらに，欲求阻止者の地位の違いによって場面を分割して（Spache, 1951と同じように）分析したところ，興味ある結果が得られている。成績の高群は，低群よりも仲間によって生じたフラストレーションに対する反応で高い他責を示し，大人によって生じたフラストレーション場面では，E-Aの反応転移を多く示した。低成績群は，高成績群よりも大人による欲求阻止場面で無責を多く示した。大人によって生じたフラストレーションで，攻撃を自由に表出する傾向のある子ど

もは，このような場面で回避に向かう子どもよりも，優れた学業成績を修める可能性が高いことを示していると思われる。

　この見方を支持する結果が，次の研究でみられる。高校における高成績者は，フラストレーション事態で，自己の不適切な行動に対して責任を否定する反応（P-Fの<u>E</u>）が強く表れるが，低成績者では，（有意でなかったが）責任を認めるものの，自分ではどうにもならない環境のせいにする反応（P-Fの<u>I</u>）を示す傾向があった（Shaw & Black, 1960）。さらに，これらの結果を確証する研究結果が，小学校から高校までの全学年を通して，学業成績に関する研究でみられる（Roth & Puri, 1967）。男子の低成績者は，高成績者よりも一貫したパターン——低い E-A，高い I-A と M-A ——を示した。女子の低成績者は，このパターンが6年生にだけみられた。

　これまでと違った逆の研究結果も報告されている（Adler, 1964）。この研究では，9学年の低成績者は，高成績者よりも有意に高い他責と低い自責（特に自罰の超自我）スコアであることが示されている。しかし，この研究のサンプルはもともと特別優れた能力をもっているために，別の社会的圧力を受けやすい傾向にある。たとえば，能力には優れているが成績が劣っている青年は，自分の知的に低い地位を承認できなかったり，認めにくいために，自分の能力を技術的，職業的な領域に向けるだろう。すなわち，そのような人は一般から抜きん出る方法として，自分のフラストレーションを行動化（高い E-A）に訴えるだろう。このような青年は，また両親や教師によって加えられる達成への圧力に抵抗するかもしれない。上の矛盾した結果は，能力の水準を明らかにするために用いられたテストの違い（それぞれ基本的知的能力テストと学校協調性能力テスト）によるとも考えられる。

　外に向かってエネルギーを出すタイプは，一般的に日常生活のフラストレーションに対して責任を感じるタイプよりも，高い水準の成績を示すように思われる。欲求阻止者の違いによる場面（大人対仲間）の効果についてさらに研究をすすめることは，この領域で得るところが多いだろう。

## 知的障害

　知的障害者に対するP-F研究から得られた結果は，テストが実施された場所（施設や学校），対象の年齢と用いられたP-Fの形式（児童用・成人用），および用いられたP-F実施のタイプ（口答と筆記）などによってまちまちである。

　年齢が6～13歳の公立養護学校の知的障害児102名を対象にした研究では，

報告された行動問題児の結果と類似していて，健常児とは有意な差があることを明らかにしている。すなわち，知的障害児は健常児よりも高い E-A と低い I-A を示している（Angelino & Shedd, 1956）。著者らは，知的障害の児童や青年は，P-F で約1段階（2年間）基準よりも遅れていることが P-F スコアに反映されているとして，社会化が遅滞していると結論している。30名の黒人と30名の白人の施設に入所している児童の研究で，Portnoy & Stacey (1954) は，両グループとも Rosenzweig の標準化サンプルよりも有意に高い M-A と N-P スコア，および低い E-D スコアを示したと報告している。P-F の反応転移の分析では，両グループとも E-A から離れて M-A と O-D に向かう傾向のあることを明らかにしている。これまでの研究結果とこの研究結果が見かけ上異なっているのは，おそらく状況的要因によると思われる。施設に入所している児童は，一般的に外に向けた攻撃を禁止して，素直で従順に行動することがよいとされている。しかし，普通の状況にいる知的障害児は，（知的な）社会化に伴う禁止の働きが発達的にやや遅れるが，外部に向けての攻撃の表し方は，健常児と類似している。非常に強い攻撃性は，知的障害児が一般の日常生活で「目標を達成する（make it）」には必要でもあるだろう。これらの仮説を支持するのは，特別学級の知的障害児の P-F 反応が同学年の健常児と比較して，有意差がみられなかったことによる（Ross, 1965）。しかし，普通学級に所属している知的障害児は，特別学級の障害児よりも有意に高い E-A スコアを示している。

　これまでに，P-F を用いて知的障害施設に入所中で行動問題をもつ人（児童，青年，成人）と，適応している人を識別することを試みた研究者がいる（Lipman, 1959; Foreman, 1962）。この研究では，P-F カテゴリーや反応転移に有意差がみられていない。それどころか，Foreman は，行動問題をもつものは適応しているものよりも低い E-A 反応数であることを示した。しかし，両研究者とも P-F の口答法を用いている（口答法は一般的に E-A を減少させる）。さらに，社会的望ましさと行動水準について，すでに犯罪者や非行少年のところで述べたことと同じような問題が，これらの研究にも存在している。最後に述べる問題は，幅のある年齢の対象（青年から成人）に対して，P-F の児童用（Lipman）と成人用（Foreman）がこれらの研究で用いられていることである。さまざまな年齢の知的障害者についての研究で，P-F のどの年齢版が適しているかを決めるには，体系的な研究が必要である。

　知的障害に関する研究で，P-F を適切に適用した例が Dunlap (1969) によって示されている。彼女は，知的障害の青年グループで，P-F スコアが職業

訓練の成績と有意に関係していることを見いだしている。これらの青年は，健常者よりも低いGCRであったが，GCRは適応，作業の質，パーソナリティ，遂行の評定スコアと関連していた。無責と要求固執も，作業の質と遂行について有意な関係が見いだされている。最も優れた社会的適応と自分のフラストレーションを建設的で目標指向的な方向に向ける能力をもっている知的障害者が，職業訓練で最高の成績を示していた。

## 読書障害

P-F の児童用が，読書能力に劣っている児童の研究で広く使用されており，P-F の研究結果は，このような診断的，矯正的試みにとって有効である。Spache (1954; 1957) は，読書障害のある児童と健常児の間に，P-F ではっきりした有意差（p<.01）を見いだしている。すなわち，読書障害児は高い他責と自我（生態）防衛，および低い自責であった。先天性語盲の児童も同様に，健常児よりも低い自責であることを示している（Connolly, 1969）。そして，3学年の生徒の I-A％は読書能力と関係があることが実証されている（Zimet, Rose, & Camp, 1973）。GCR スコアと語の認知の成績との間に有意な相関が得られている（Bishop, 1972）。読書能力で劣っているものは，一般に権威ある人物に対して健常児よりも攻撃的であり，責任を認めようとしない傾向がある。

## 言語障害

言語障害の領域で最も頻繁に用いられているのは，吃音の研究である。Madison & Norman (1952) は，P-F を 25 名の成人の吃音者（14～59歳）のグループに実施した結果，グループ全体として Rosenzweig の標準化グループよりも有意に低い E-A と O-D スコア，および高い I-A と N-P スコアを示したことを見いだしている。これらの結果は，吃音は本質的に衝動的で攻撃を内に向ける，という精神分析的な見解を裏付けていると思われる。しかし，われわれの研究室で筆者によるデータを再分析したところ，P-F スコアは年齢とともに有意に変化することが明らかになった。また，被験者は無記名でテストされたということも標準データとの比較を難しくしている。Murphy (1953) によると，吃音者はマッチさせた統制群よりも多い E-A と少ない I-A という結果を示しており，Madison & Norman とは逆の結果を得たことで，これらの疑問はいっそう強められた。一般に，この領域における P-F 研究のほとんどは，吃音者とマッチさせた統制群または標準群との間に有意な一貫した差を示していない（Lowinger, 1952; Quarrington, 1953; Emerick, 1967）。Sheehan

(1958) は，吃音者の研究で用いた P-F と他の投影法のレビューで，「吃音者に一貫したパーソナリティ・パターンはみられない」と結論している。

## (3) 裁判所・刑務所

P-F は，犯罪者や非行少年を健常者と判別するために広く用いられている。しかし，P-F によってこれらのグループを分けることは，P-F スタディが本来もっている理論的構成概念と強く結びついているので，裁判所や刑務所で用いられた P-F の結果は，一次的妥当性（基準関連妥当性）のところですでに論議した。実用的な面に関しては，その論議で明らかであろう。

## (4) 病院・診療所

**精神障害者**

P-F スタディはいろいろな精神障害のグループ間，および健常者との判別に有効であることが見いだされている。健常者，神経症者，精神障害者を対象にした未発表の研究で，Rosenzweig (1952) は，女性で低い無責と高い自責，男性で高い無責，男女とも高い要求固執が，パーソナリティ障害に伴う傾向があることを示す暫定的な結果を得ている。P-F はまた，36名の不安神経症者と36名のパラノイド統合失調症者の研究で用いられたロールシャッハとウェクスラー検査を含むテスト・バッテリーの中で，最も識別力のあることが見いだされている (Starer, 1952)。統合失調症の患者は，神経症の患者よりも有意に高い E-A スコア，および低い N-P と GCR スコアを示した。Abrams (1953) は，精神障害者と健常者の間に P-F で有意差がないことを示しているが，Diamond (1955) は，GCR が精神障害者と非精神障害者との間に差があると報告している。精神医学的診断の補助として，P-F を臨床的に用いることにはかなり疑問があることを Brown & Lacey (1954) は指摘しているが，統合失調症と健常者の間には E-A, I-A, E-D, N-P, GCR スコアに有意差があることを Delay, Pichot, & Perse (1955) によって改めて見いだされている。P-F の予測力を高めるために，最近の研究で P-F 因子間の関係に基づいた指標が用いられている (Rauchfleisch, 1971)。これらの指標によると，健常者群と2群の神経症者との間に有意差を見いだしている。P-F の臨床的使用についての概観で，Schöfer & Meyer (1976) は，E-A（増加）と I-A（減少）における偏りは「一般的な病気（general for being sick）」，そして M' と I 因子は「特定の病気（specific for a disease）」を示すと報告している。

児童相談に来所した問題児と健常児との比較によると，問題児はすべての年

齢において高い他責と低い自責スコア，および低い GCR スコアをもつことが示されている（Rosenzweig & Rosenzweig, 1952）。これらの結果は臨床的処遇と関係しているが，明らかにテストの目的と意味合いにおいて，精神医学的診断というよりも行動的（力動的）である。それゆえ，おそらくこの研究で得られた結果は，P-F を構成している用語によって容易に理解と承認が得られるだろう。

## 自殺

　心理力動的および文化的な立場から，自殺者は攻撃を自分自身に向ける人であると考えられる。このような人は敵意を外に表出したり，問題の解決に向かって努力することが少ない。これらの仮定に基づいて，P-F を用いて健常者と自殺者を判別することが試みられている。

　自殺についての最初の考察は，自殺企図の程度である。Farberow（1950）は，自己の生命に対して危険な攻撃をした人は，自殺の企図が本気でないと判断された人よりも，有意に外に向ける攻撃（E-A）が少ないことを見いだしている。自殺企図者はまた，高い無責，および弁解（I）によって軽減されているが，敵意を内に向ける傾向を示している。しかし，最近の研究者では，P-F カテゴリー・スコアは「軽度（mild）」の自殺企図者と「重度（serious）」の自殺企図者の間に差はなかったが，標準データと比較すると，軽度の自殺企図者は有意に高い E-D と低い O-D スコアを示したと報告されている（Arneson & Feldman, 1968）。

　自殺の可能性についての査定で，第 2 の問題はテストが実施される時期と場面である。初期の研究で，Winfield & Sparer（1953）は，26 名の自殺企図者のグループは Rosenzweig の標準グループよりも低い他責と高い無責であったことを見いだしている。自責の傾向が予測されたものの，この研究結果では差がみられなかった。抑うつに対してショック療法を受けた臨床的に抑うつの女性は，治療前に比較して治療後は有意に高い E-A と低い I-A スコアをもつことが示されている（Bulato, 1961）。自殺企図者で，GCR と要求固執が自殺企図の翌朝よりも 1 か月後で増加したと報告されている（Selkin & Morris, 1971）。しかし，自殺企図者のグループを精神障害の非自殺企図者と健常な青年とを比較したところ，予期された自責の差はみられなかった（Levenson & Neuringer, 1970）。これまでの矛盾した結果をレビューした後で，Lester（1970）は，「P-F は自殺の危険を予測することはほとんどできない」と結論している。

攻撃性（特に自責）と自殺についての矛盾した結果は，少なくとも被検者がテストを受けた時期，自殺企図の程度，統制群（マッチングによる）や標準サンプルの適切さなどがまちまちであるために，研究間の比較ができないことを反映している。Waugh（1974）は，自殺企図者を同質の1グループとして扱うことの妥当性に疑問を呈している。彼は，自殺企図者を3つの自殺傾向パーソナリティ・タイプに分けたときにだけ，自殺企図者とそうでないものの間に，アグレッション方向に有意なP-Fの差がみられることを見いだしている。この種の研究は，自殺傾向者を単純な自責的ステレオタイプとしてみるのではなく，さらに細分化していくことが，自殺企図者と健常者の違いを実証する鍵になるだろう。

## 心身症

さまざまな心身症的問題をもつ人たちのP-F結果について，多くの研究がなされてきた。十二指腸潰瘍，本態性高緊張，神経筋緊張の患者間の比較（Lewinsohn, 1956），あるいは冠状動脈疾患の患者群とマッチさせた健常群との比較（Mordkoff & Golas, 1968）では，いずれも有意差はみられていない。しかし，Tridenti, Ragionieri, Rigamonti, & Risio（1972）は，潰瘍患者は健常者よりも高い自責と要求固執，および低い他責とGCRを示したことを見いだしている。

P-Fは，さらに環境性神経皮膚炎の患者は自罰的超自我をもち，攻撃性をマゾキスチックに表出する傾向があるという理論を支持している。すなわち，これらの患者は統制群よりも有意に高い自罰的超自我反応を示した（Seitz, Gosman, & Craton, 1953）。これに関連した研究で，Kamiya（1959）はハンセン病者と非ハンセン病者は相互にも，また日本の基準とも有意に異なることを見いだしており，P-Fの結果によってハンセン病者を「あきらめ（resigned）」と「攻撃（aggressive）」というタイプ分類に発展している。

糖尿病患者のP-Fについては，結果がまちまちである。糖尿病の児童は，Rosenzweigの標準集団よりも有意に高い他責と障害優位，および低い無責，生態防衛，GCRであることが示されている（Johannsen & Bennett, 1955）。その後の研究で，P-Fは糖尿病で，コントロールが良好な児童とよくない児童の間に差はみられなかったが，糖尿病患者を1つのグループとしてみると，標準サンプルよりも有意に低い生態防衛を示していた（Koski, 1969）。

P-Fの結果によって，肺結核患者を判別するための基礎が見いだされている。肺結核患者は健康な統制群よりも有意に低いGCRスコアを示し，整形外

科的障害者群や統制群よりも高い I-A スコアを示したと報告している (Adar, 1971)。肺結核患者についてのその後の研究では，このような人は健常者よりも生態防衛が高くて，障害優位が低い傾向にあることを示している (Vieira, Machado, de Oliveira Pereira, & Litman, 1973)。喘息患者の P-F プロフィールを明らかにしようという研究もある。喘息患者，精神神経症者，健常者の P-F スコアを比較したところ，喘息患者は健常者よりも少ない他責と多い無責を示していた (Jores & von Kerékjártó, 1967; Pierloot & Van Roy, 1969)。喘息患者と神経症者の間には有意差がみられなかった。最近の研究で，喘息患者は攻撃を内に向ける（高い I-A）傾向があるが，「アレルギー性 (allergic)」と「非アレルギー性 (nonallergic)」の間に有意差は認められていない (Konincka & Dongier, 1970, Knoblach, 1971)。

## アルコール中毒と薬物中毒

さまざまな研究者が，アルコール中毒者の P-F パターンを明らかにすることを試みている。これまでの研究を調べた Syme (1957) は，アルコール中毒のパーソナリティ・タイプと判断できる証拠はないと結論している。しかし，Murphy (1956) は低階層のアルコール中毒者は，健常者よりも有意に低い GCR と高い N-P スコアであることを示している。アルコール中毒者は，ここでも障害優位が標準よりも有意に低いスコアであった。障害優位と要求固執に関するこれらの結果は，44 名のアルコール中毒者と 38 名の非アルコール中毒者についての最近の研究でも確かめられている (Coché, 1974)。GCR についての差は有意ではなかったが，健常者の平均よりも低い傾向があった。

薬物使用者のフラストレーション反応についても研究されている。30 名の重度の幻覚剤使用者の P-F 反応が，マッチさせた統制群と比較されている (Edwards, Bloom, & Cohen, 1969)。薬物依存傾向は O-D と正に相関し，E-A，N-P，GCR とは負に相関していることが見いだされている。マリファナ使用についての研究で，Cormier, Bourassa, & Landreville (1973) は，集団一致度 (GCR) が非使用者よりも使用者は有意に低いことを実証している。結局，たとえどの P-F カテゴリーで差がなくても，マリファナ使用者は集団一致度において低いと思われる。

P-F はこのように，健常者と臨床的障害をもつ人との間を識別する有効性に変動のあることを示している。神経症者の P-F プロフィールによると，精神障害者とは E-A，I-A，N-P のカテゴリーと GCR で差が出る傾向がある。自殺企図者についての P-F の結果は一致していないが，これは P-F に妥当性

がないというよりも，むしろ方法的な誤りによるところが大きいと思われる。心身症の領域にP-Fを適用することは，肺結核と喘息については暫定的なP-Fプロフィールが報告されているものの，主としてこの領域が複雑であることを反映している。アルコール中毒と薬物中毒の領域では，P-Fが有効であることが明らかにされている。すなわち，中毒者は健常者よりも低いN-PとGCRを示している。

問題行動について，ある一般的P-F反応パターンのあることが明らかにされているが，カテゴリーのスコアを上昇させたり下降させたりするという行動病理の個性力動的なスタイルが，集団平均を検討する過程で失われてしまうことがあることを銘記しなければならない。

## (5) 文化
**偏見と権威主義**

フラストレーションに対して，権威主義的な人がどのようなタイプの反応をするかを明らかにするためにP-Fを用いた研究者がいる。権威主義についての広範な研究が，Getzels & Guba（1955）によって実施されている。彼らは，教師と将校の役割についての葛藤が，高い，あるいは低いと評定された空軍の教師を対象にして，多くのパーソナリティ・テストを実施している。高葛藤群は低葛藤群よりも有意に権威主義的であり，P-Fでは有意に高い他責および低い自責と無責スコアであった。権威主義とP-Fの他責スコア間に同様の関係があることが報告されている（Trapp, 1959; Canter & Shoemaker, 1960）。これに関連する研究として，Wilson（1973）は，91名のP-Fと保守主義尺度の結果を比較している。要求固執は保守主義と有意に負の関係があることを示しており，この結果は，保守主義者は自信が欠如しており，外的な統制を好むことを示唆している。他責は現実的で強い精神力の態度と正に相関し，生態防衛は民族主義と相関していた。これらの結果は，他者をスケープゴートにする人は自尊心を守ろうとしてそのような行動をとることを示しているように思われる。

**人種**

同一の国内で，それぞれ違った地域内に住む異なる人種群間に，違ったフラストレーション反応が存在するかどうかを検討するためにP-Fが用いられている。McCary（1950）は，北部と南部の高校に在学している黒人と白人の学生にP-Fを実施した。北部の高校生は全体として，南部の高校生よりも有意

に高い他責と低い自責を示した。黒人全体のスコアと白人全体のスコアを比較したところ，黒人は白人よりも有意に低い I-A と，前半に高い反応転移を示した。しかし，南部の黒人男子の P-F スコアは，南部の白人男子とは逆のパターン，すなわち黒人は少ない他責と多い自責を示した。南部黒人男子の P-F スコアについて，その後の研究では（1947 年と比較して 1961 年では），その期間中に，有意に他責が減少している（Corke, 1962）。もし，現時点でさらに同じ研究が行なわれたならば，これらの点が明らかになるであろうし，またそうすることが要請される。

## 文化交差

ハワイの少年は，アメリカ本土の少年よりも有意に他責的であり，自責や生態防衛が少ないことが見いだされている（Lyon & Vinacke, 1955）。同様に，フィンランドの児童は，アメリカの児童よりも有意に高い E-A および低い I-A と M-A スコアであることが示された（Takala & Takala, 1957）。Pareek (1958c) は標準化を行ない，そのデータを用いて，アメリカ，日本，インドの児童のサンプルを比較している。インドの児童は，概してアメリカの児童よりも他責的であって自責的でなく，日本の児童は，アメリカの児童よりも自責的で他責的でないことを見いだしている。P-F は，また，ラテンアメリカ人の受動的あるいは情緒的な短気に関する仮説を検証するために用いられている。グアテマラの児童の結果は，アメリカの児童と比べて有意差がなかったと報告している（Adinolfi, Watson, & Klein, 1973）。これに類するいっそう徹底した発達的研究が行なわれたならば，多くのことが明らかになるはずである。

フラストレーション反応と，社会的および道徳的発達の関係を検討した研究がある。東アフリカ人の研究で，Ainsworth & Ainsworth (1962) は，文化的適応は責任の承認（I-A）と問題解決への要求（N-P）を高め，フラストレーションの回避（M-A）とフラストレーション障害の強調（O-D）を減少させることを実証した。150 名のイギリスの青年労働者の道徳的価値が，その問題のために作られた投影法と P-F を用いて明らかにされている（Eppel & Eppel, 1966）。P-F への反応は一般的イギリスの他責水準が，アメリカの基準よりも有意に高いことを示している。しかし，無記名の実施法（E-A 反応が増加する）が用いられているために，このような文化交差的な差が実際に存在するのか，あるいは単なるテスト手続き上の誤差によるのかを判断することは難しい。アグレッション方向についての場面分析は，E-A のほとんどが直接被欲求阻止者を非難する場面に集中しており（このような場面で青年は敏感だ

と思われる），ほとんどのI-Aは所有物の損傷場面に多くみられ，M-Aのほとんどは友人によって起こされたフラストレーション場面に集中していた。この結果およびその他の研究に基づいて，Eppel & Eppelは，イギリスの青年はよい人間関係，特に忠誠さと正直さに高い価値を置き，他人からの尊敬や配慮の要求を表していると結論している。

# 5 結論

　P-Fスタディは，いろいろな心理測定的測度とある程度有意な関係がある。他のテスト結果とあわせてP-Fのデータ全体を用いたときの予測は（継続的臨床予測のように），単一のカテゴリー・スコアに基づくよりも妥当性のある傾向がある。重犯罪者や非行少年についての矛盾した結果がレビューされているが，このような矛盾した結果の原因として考えられることを提示し，被検者の動機付けやその結果としての反応水準を詳細に調べるような，方法的に堅実な研究法を提案した。男女の攻撃性についての予想された差異は，P-Fの青年用にだけ表れている。児童期と成人期では，男女ともフラストレーション反応が類似のパターンを示している。

　他責，自責，無責，要求固執，GCRは他の妥当性の基準と関係していることが示された。自我または生態防衛は妥当性のあるカテゴリーであるが，これに関しては，今後いっそうの研究が望まれる。障害優位反応は反応数が少ないために，妥当性のある基準との有意な関係を難しくしている。しかし，障害優位はフラストレーション反応の全体的なパターンの解釈に有効な構成要素であることが示された。

　P-Fは，さまざまな社会的状況で実用的に用いられている。最も多くP-Fが用いられているのが，カテゴリーやGCRに基づいたスクリーニングや選抜の方法としてである。このようにしてP-Fは，企業や産業，学校，文化などの研究に有効であることが明らかになった。これらの状況で，アグレッション方向とGCRの二次的な妥当性が実証された。生態防衛と要求固執のカテゴリーも識別力のあることが示され，障害優位についてもある程度肯定的な結果が得られている。病院や診療所でのP-Fの結果は矛盾しており，このような場面で症状判定の方法としてP-Fに絶対の信頼を置くことは好ましくない。しかし，他のテストとあわせて，または形態的な指標を用いる方法によるならば，P-Fは著しい可能性をもっている。

　実用的な研究のほとんどが，攻撃の否定的な側面であるアグレッション方向

の他責を強調している。二次的な研究における補助的なアプローチとして，また基本的研究を支持発展させる方法として，アグレッション型に反映される攻撃の肯定的，建設的な性質，特に要求固執にもっと重点が置かれるべきである。

# 2部
# 歴史と研究ガイド

# 5章

# 歴史的概観

　筆者は1928年の初めに，個人的フラストレーション，要求，創造的所産の相互関係に焦点を当てて，哲学者たち（Schopenhauer, Nietzsche, Bergson）の心理学に関心を抱いた（*Rosenzweig, 1929*）。この関心から，当然のことながら精神分析（Freud, Adler, Jung）とかかわりをもつようになり，最初は精神分析を哲学に適用して吟味することから，やがてFreudによって臨床的に生まれた概念の妥当性を実験的に検討する（実験的精神分析）方向に移っていった。抑圧，置き換え，投射についての実験室研究（Rosenzweig, 1937; 1938c）は，フラストレーション現象が，実験的な心理力動的アプローチにとって最も縮図的に表すものと確信するようになった。フラストレーションについてのその後のAPAシンポジウムで，これらの概念の明確化が，いくつかの異なる研究方法の立場から行なわれ，筆者がフラストレーション耐性の構成概念を紹介した（Rosenzweig, Mowrer, Haslerud, Curtis, & Barker, 1938）。簡単にいうと，哲学的理論を展開することに対する理論家の伝統と生活経験の精神分析的心理学が，精神分析の概念そのものについての実験的研究を始めるきっかけとなり，最終的に，実験的に志向した心理力動的図式としてフラストレーション理論の暫定的な理論を提唱するに至った。

　こうした背景を念頭に置くと，P-Fスタディのスコアリング構成体が生まれた初期およびその後の実証的明確化をみていくうえで役立つだろう。

　精神分析的概念についての実験的研究で，フラストレーションが記憶（抑圧）を研究するための不快な実験場面を作るために操作的に用いられ，3つの自我防衛的アグレッション方向（他罰的，自罰的，無罰的）が発見的な理論構成に伴う観察から生まれた（Rosenzweig, 1934b）。翌年に，この理論がフラストレーション反応の行動テストによって確認され，精緻化された。1930年代に抑圧についての研究プログラムによって，自我防衛と要求固執が分離独立されて，1943年に発表した実験で明確にされた。3種のアグレッション型が3種のアグレッション方向に付け加えられ，これらがひとつにまとまってP-Fの基本的なスコアリング・カテゴリーになった。しかし，障害優位型と名付けら

*079*

れたアグレッション型は，P-Fが作成されて臨床的に研究されるまでは概念化されなかった。この間に，9種の因子（6個のカテゴリーの相互の組み合わせによる）が明らかにされ，P-Fのスコアリング指標として使われるようになった。最初はアグレッションの方向と型の関係がまだ十分に理解できていなかった。事実，アグレッション型を最初のうちは「反応型（types of reaction）」とよんでいた。アグレッション型と方向が「攻撃（aggression）」として概念化され，それらの相互関係が明らかにできたのは1960年代になってからであり，表2のように明確な形で示されているスコアリング構成体の表は，少しずつ段階を踏んで構成されたものである。P-Fの構成的妥当性は，大部分がここで要約された実験的研究に基づいている。

　心理力動論の内容に関する発展がある一方で，最初の哲学的問題の形式的側面は，後に「投影的（projective）」という言葉でよばれる技法の研究に表れつつあった。言語連想法（前述の投射の研究で述べたように），ロールシャッハ法，当時作成されつつあったTATなどの研究が，新たな投影法（現在のP-Fスタディ）によって，フラストレーション反応のタイプやフラストレーション耐性を査定する道を拓いた。最初の形式は（Rosenzweig & Sarason, 1942），F-反応研究という名称の4つの部分から成るテスト・バッテリーの一部であった。1つ目はすでに引用した行動テスト（パートB）であった。次の2つの質問紙または選択肢法（各項目について自由記述と数個の典型的な反応の選択肢が設けてある）は，フラストレーション場面で被検者が実際に言うと思ったこと（パートR——現実反応）と，その場面で被検者が言えたらよいと思うこと（パートI——理想反応）についての被検者の考えに焦点を当てた。RとIの区別は，以前に筆者によって質問紙法の議論で提案された（Rosenzweig, 1934a）。このテスト・バッテリーの4番目が（パートP——投影反応）現在のP-Fスタディの前身である。テストが与えられたときに「絵の（フラストレーション）場面で右側の人物はなんと答えるでしょうか？」という教示で，被検査者の最初の連想を引き出すための未構造の絵画刺激として漫画風の絵が用いられた。このF-反応研究は——P-Fはそこから生まれたのであるが——構成基盤として4つの反応水準の共存を仮定しており，その後のP-F研究で改めて取り上げられたことに気付かれるであろう。しかし1940年代の初期に，パートPの結果が最も実り多いことが明らかになり，非常に優れていたので，テスト・バッテリーの他の3つの部分はしだいに使われなくなった。このようにして，P-Fは選り抜かれていっそうの発展をした。F-反応研究のパートP（現在のP-Fスタディ）は「三者関連説（triadic hypothesis)」の研究で最初に脚光を浴びた。この研究は被催眠性をパーソナリティ特性として，一方では自我防衛で用いられる防衛機制，他方ではフラストレーションに対する直接反応の様式と関連付けた仮説である。この研究の結果は，4年後に発表された（Rosenzweig & Sarason, 1942）。

　今日までに明示されているフラストレーション理論の概要は，1944年に発表された（Rosenzweig, 1944）。同年に，P-Fスタディ成人用の初版が発表されたが，現在のところこれがP-Fスタディについて最初に記述されたものである（Rosenzweig, Bundas, Lumry, & Davidson, 1944）。その直後に，フラストレーション反応の査定に関する絵画連想法を解説する基本的論文が発表された（Rosenzweig, 1945）。次いで，最初のスコアリング・サンプルが翌年に発表された（Rosenzweig, Clarke, Garfield, & Lehndorff, 1946）。1947年から48年に改訂成人用手引きが出版され（Rosenzweig, Fleming, & Clarke, 1947），3年後にいっそう信頼できる手引きが出版された（Rosenzweig, 1950g）。同時に，4年間にわたって計画されて作成された児童用を出版した（Rosenzweig, Fleming, & Rosenzweig, 1948）。現在の児童用の手引きは1977年に出版されている（Rosenzweig, 1977a）。青年用についての研究は1960年に始まり，テスト用紙の決定版は1964年に発表された。投影距離の研究（Bell & Rosenzweig, 1965）が青年版の標準化への道を拓き，そのための研究が続いた（Rosenzweig & Braun 1970; Rosenzweig, 1970a）。このようにして，1970年までにP-Fは児童，青年，成人それぞれについて実施ができるようになった。

　最後の重要なできごとは，基本マニュアルの出版である（Rosenzweig, 1978a）。これは3つのすべての年齢版（児童用，青年用，成人用）が共通にもっている基本的な考えや事実に関して書かれてある。成人用の増補版（Rosenzweig, 1978b）は特に成人用に限られた資料，すなわち標準化，スコアリング例，カテゴリー・因子・GCRの集団基準および事例のプロトコルが含まれている。他の2つの年齢版についても，同じような青年用と児童用の増補版が準備中である◆。

　　◆児童用および青年用の増補版は1981年に出版されている。
　　　Rosenzweig, S. *Children's Form Supplement to the Basic Manual of the Rosenzweig Picture-Frustration (P-F) Study*. St. Louis: Rana House, 1981.
　　　Rosenzweig, S. *Adolescent Form Supplement to the Basic Manual of the Rosenzweig Picture-Frustration (P-F) Study*. St. Louis: Rana House, 1981.

　完全に標準化された外国版が，原著の英語版の製作者である筆者と，それぞ

れの国の心理学者たちとの密接な協力によって出版されている。現在のところ数か国で国内用として使用でき，文化交差的比較研究で利用できる標準化された改訂版は，アメリカ，フランス，西ドイツ，イタリア，スウェーデン，日本，インド，スペインとポルトガルなどである＊。

＊これらの外国版の引用文献は p.20 に記載されている。

　これまでの背景に基づいて考えると，P-F スタディが臨床的な方法としてだけでなく，フラストレーション理論の概念を研究したり，投影法の諸次元を検証するための方法として計画された最初のものであることは明らかであろう。P-F がもっているこのような概念的妥当性は，大部分がこの基本的性質から来ている。しかし，P-F が臨床，法廷，産業，教育，文化などの領域について適用されていることがほどなく明らかになってきた。これらの適用は 4 章で述べられている。

# 6章

# 研究の分野別ガイド
# ：P-F の文献索引

　本章では，1934〜1977年の間におけるローゼンツァイク・絵画－欲求不満研究（Rosenzweig Picture-Frustration Study）についての研究，およびこれを用いた研究と研究者について概観する。英語の P-F 原版とこれと平行して標準化されているヨーロッパ，アジア，アメリカ大陸における改訂版についての研究が取り上げられている。500以上の論文や著書を，題目と発行年付で文献索引として分野別に記載した。著者ごとの題目付引用文献は，P-F 引用文献として後で再掲される。したがって，ある分野の文献を参照したければ，容易に探すことができる。おもな分野は，基礎的（構成的）研究，信頼性，妥当性，実用的適用である。実用的適用は，発達差と個人差，臨床的問題，反社会的行動，人事選考，カウンセリングと治療，教育と学校心理学，家族関係，文化的社会経済的差，実験的心理力動論などである。

　ローゼンツァイク・P-F スタディは，（前述のように）1930年代の初期に始めた理論に基づいてなされた実験的研究から生まれた。したがって，P-F について，あるいは P-F を用いた研究についての研究ガイドは，およそ40年の期間に及んでいる。臨床的に生まれた精神分析の力動的概念を実験的に明らかにしようという試みから，技法の原著者は，この研究に基づいたフラストレーション反応の理論を明確化し，攻撃行動についてさらに体系的な知識に向けて見解を発展させた。P-F の反応がスコアされる分類は，これらの基礎的な構成体に基づいている。

　その間に，技法の臨床的適用は最初に考えていた以上の進展をみた。最初は，P-F はフラストレーション反応を測定するための広いテスト・バッテリー（F-反応研究）の一部であり，各測度は反応のどれか1つの水準（暗黙・顕在・意見）に対応するものであったが，それらはパーソナリティ全体の行動に相互関連をもっていた。P-F は全技法の中で半投影的性質をもっており，その後の体系的研究だけでなく，臨床的適用にとっても最も信頼できる測度であることが間もなく明らかになったので，P-F が他のすべての部門に取って代わるようになった。最初はアメリカで使うために標準化したが，しだいに多くのヨー

*083*

ロッパ，アジア，その他の国々（フランス，西ドイツ，スウェーデン，インド，日本，ブラジル，アルゼンチン）でP-Fが標準化されていった。これらの外国版は単に英語の翻訳だけでなく，それぞれの国で基準が利用できるように，完全に標準化されたものである。

1972年に国際攻撃学会が創設されたのは，この国際的なテストがフラストレーション反応タイプの比較研究として利用できるようになったことも，ある程度契機になっている。したがって，このガイドによってP-Fの直接的な使用に加え，フラストレーションの普遍的経験とそれに伴う攻撃反応様式についての知見を，国際的に交換することが促進されるように願っている。アプローチの方法や技法的な妥当性については明らかに限界があるが，P-Fスタディは，フラストレーション耐性や人間行動における攻撃タイプを詳細に調べたり理解するための，現存する国際的な，かつ限られた心理的技法の1つである。

# 1 ガイドライン

ガイドは2つの部分に分かれる。分野別分類と文献索引である。分野別分類から，ただちにその分野での1934年から1977年にかけてP-Fが単独で用いられたり，他のテストと併用されたP-F研究をみることができる。この40年間に500以上のP-Fに関する論文や著書が出版されており，分野別分類は文献の詳細な検討や分析によって経験的に作成されたものである。これらの分類の中には，P-Fの起源と発展に直接関係したフラストレーションについての実験的研究も含まれている。また，アメリカまたはその他の国々でのP-Fの標準化に関するものもある。しかし，大部分はP-Fの有効性を認めている実用的研究で，P-Fの使用に関したものである。

これらの論文や著書は，それが該当する分野別分類のところで，著者と発行年だけを記載した。文献は，その内容が1つの分野で収まらない場合は，2回以上取り上げた。文献索引で取り上げたすべての文献の題目は，著者ごとのP-F引用文献の著者名でみつけることができる。

ガイドは，より多くの研究者が利用できるように準備してきたが，今や関連する文献が数百にも及ぶ専門誌や著書に散見され，世界各国で出版されている。したがって，フラストレーションと攻撃に関する研究は，ここで提供される資料によって大きく促進されるに違いない。

## 2 分野別分類

Ⅰ．基本的研究，評価
　1．基本的文献
　　a．フラストレーションと攻撃の構成体〈概念的〉
　　b．フラストレーションの構成体〈実験的基礎〉
　　c．実験的フラストレーションテスト
　　d．投影法の構成体
　2．マニュアル
　3．レビュー，解説
Ⅱ．信頼性
　1．スコアリング
　2．再検査
　3．内的整合性
　　a．相関
　　b．因子分析，構造的分析
Ⅲ．妥当性
　1．構成的
　2．基準関連
　3．実用的（予測，応用）
Ⅳ．発達差，個人差
　1．年齢
　2．性
　3．特別条件
　　a．障害者
　　b．スポーツ選手
　　c．超能力
　4．その他
Ⅴ．臨床的問題
　1．神経症，行動問題
　2．抑うつ，自殺
　3．統合失調症
　4．てんかん

5．心身症
　　6．アルコール中毒, 薬物中毒
　　7．その他
Ⅵ．反社会的行動
　　1．犯罪
　　2．非行
　　3．矯正効果
Ⅶ．人事選考, 産業
　　1．人事
　　2．事故頻発
Ⅷ．カウンセリング, 治療
　　1．カウンセリング〈教育的〉
　　2．心理療法
　　3．精神医学的治療
　　4．行動療法
Ⅸ．教育心理学, 学校心理学
　　1．教師選考, 実効性
　　2．学業成績
　　3．知的障害
　　4．言語矯正
　　5．読書能力, 読書障害
　　6．知能
　　7．その他
Ⅹ．家族関係
Ⅺ．文化, 人種, 社会経済的地位
　　1．人種
　　2．宗教
　　3．生活様式
　　4．社会経済
　　5．偏見, 権威主義
　　6．文化交差
Ⅻ．実験的心理力動論
　　1．従属変数としてのP-F
　　2．投影的同一視

3．パーソナリティ力動
　　a．パーソナリティ構造
　　b．自己概念，自己評価
　4．心理査定における行動水準
　　a．パーソナリティの構え，行動水準
　　b．社会的望ましさ，見せかけ反応，同調性

　上にあげたほとんどの見出しは一見して内容が理解できるが，内容があまり明確でないものについて多少説明を加えたい。最初のセクションで取り上げた文献は，P-Fが作成される基になっている基礎的研究や，実験的，臨床的研究である。P-Fの起源を知りたい方はここで関連の文献をみつけることができるが，これらの文献のおもな目的は，P-Fに用いられている構成体がどのような操作を経て生まれてきたかの理解に供することである。「実験的心理力動論（XII）」で最初の下位項目「従属変数としてのP-F」に含まれる内容は，実験的介入の前後にP-Fを実施して，後で実施したP-Fにどのような変化がみられるか，という実験である。下位項目の「投影的同一視」は，絵や絵の中の言語刺激の評価を目的とした研究である。下位項目の「心理査定における行動水準」は，検査対象が検査場面でもついろいろな意識（および検閲）の程度に関するものである。これらの水準（意見・顕在・暗黙）間の識別は，P-Fを用いた研究の経験からRosenzweig（1950）によって明らかにされている。

## 3 引用索引

I. 基本的研究，評価
　1．基本的文献
　　a．フラストレーションと攻撃の構成体〈概念的〉
　　　Rosenzweig, 1934b, 1944, 1950a, 1960, 1962, 1964, 1969, 1970, 1977b.
　　b．フラストレーションの構成体〈実験的基礎〉
　　　Heller, 1939; Popp, 1974; Rosenzweig, 1933, 1937, 1938b, 1938c, 1941, 1943; Rosenzweig and Mason, 1934; Rosenzweig et al., 1938; Rosenzweig and Sarason, 1942; Sarason and Rosenzweig, 1942.
　　c．実験的フラストレーションテスト
　　　Rosenzweig, 1935, 1938c, 1945, 1960, 1970b.
　　d．投影法の構成体
　　　Rosenzweig, 1950b, 1951a, 1951b.

2. マニュアル
   Banissoni et al., 1954, 1955; Bjerstedt, 1968a, 1968b; Cortada de Kohan, 1968; Duhm and Hansen, 1957; Ferracuti, 1955a, 1955b; Hayashi and Sumita, 1956, 1957; Hörmann and Moog, 1957; Kramer and Le Gat, 1970; Lebbolo, 1955; Nencini et al., 1958; Nencini and Belcecchi, 1976; Nick, 1970; Pareek, 1958b, 1959b; Pareek et al., 1968; Pareek & Rosenzweig, 1959; Pichot and Danjon, 1951; Pichot et al., 1956a, 1956b; Rauchfleisch, 1978; Rosenzweig, 1950d, 1950f, 1950g, 1967b, 1976c, 1977a, 1978a, 1978b; Rosenzweig et al., 1946, 1947, 1948; Sacco, 1955.
3. レビュー，解説
   Anzieu, 1960; Battegay and Rauchfleisch, 1974; Bjerstedt, 1964, 1965; Carli and Ancona, 1968; Challman and Symonds, 1953; Christiansen, 1955a, 1955b; Clarke, 1951; Coetsier, 1963; Cortada, 1960; Crenshaw et al., 1968; Davreux, 1969; Delay et al., 1955; Edelman, 1959; Hayashi, 1961; Hiltmann, 1965; Hwang, 1968; Ichitani and Hayashi, 1976; Kramer, 1958b, 1959c, 1959d, 1959e, 1960, 1963, 1965; Lehner and Kube, 1955; Lindzey, 1959; Mills, 1965; Mirmow, 1952b; Nava and Cunha, 1957b; Nemes, 1968; Nencini, 1965; Nencini and Banissoni, 1954; Pareek, 1959b, 1960a, 1964; Pichot, 1954; Pichot and Cardinet, 1955; Pitkänen, 1963; Rauchfleisch, 1978; Reid, 1951; Rosenzweig, 1950c, 1950e, 1953, 1956a, 1956b, 1960, 1962, 1964, 1965, 1967a, 1968, 1976a, 1976b, 1976c, 1977a; Rosenzweig et al., 1944; Rosenzweig and Kogan, 1949; Rosenzweig and Rosenzweig, 1975, 1976a, 1976b, 1977; Schwartz, 1957b; Semeonoff, 1976; Shimazu, 1961; Snyders, 1961; Stern, 1952, 1954; Sumita et al., 1964; Sutcliffe, 1955; Trentini, 1962; Villerbu, 1969; Watson, 1951; Werner, 1966; Wilson and Frumkin, 1968; Zubin et al., 1965.

II. 信頼性
  1. スコアリング
     Clarke et al., 1947; Delay et al., 1955; Mirmow, 1952b; Pareek, 1958a; Pareek and Devi, 1965; Pichot and Danjon, 1955.
  2. 再検査
     Adinolfi et al., 1973; Bernard, 1949; Delay et al., 1955; Mirmow, 1952b; Pichot and Danjon, 1955; Rosenzweig, 1960; Rosenzweig et al., 1973, 1974, 1975; Sanford and Rosenstock, 1952; Schwartz, 1952; Werner, 1966.
  3. 内的整合性
     a. 相関
        Berkun and Burdick, 1964; Cox, 1957; Sutcliffe, 1955, 1957; Taylor, 1952; Taylor and Taylor, 1951; Werner, 1966.
     b. 因子分析，構造的分析

Hayashi and Ichitani, 1964, 1970; Hayashi et al., 1959; Ichitani, 1964, 1965a, 1965b, 1965c, 1966a, 1966b; Ichitani and Hayashi, 1976; Ichitani and Maegawa, 1968; Ichitani and Takeda, 1966, 1967; Ichitani and Uemura, 1965; Klippstein, 1972; Nencini, 1956–1958; Nencini and Misiti, 1956a; Rauchfleisch, 1971b; Schalock and MacDonald, 1966; Smith, 1961; Sumita, 1961; Sumita et al., 1964.

III. 妥当性
1. 構成的

Adinolfi et al., 1973; Banik, 1964; Bell, 1949; Bennett and Jordan, 1958; Cutter, 1963; De Renzi and Gatti, 1958; Fine and Sweeney, 1968; Fisher and Hinds, 1951; French, 1950; Graine, 1957; Gross, 1965; Hanvik, 1950; Harris, 1955; Hart, 1974; Holzberg and Posner, 1951; Ichitani, 1966a, 1966b; Kaswan et al., 1960; Lerner and Murphy, 1941; Leonardi, 1973; Lesser, 1959; Levitt and Lyle, 1955; Lindzey, 1950b; Lindzey and Goldwyn, 1954; Lindzey and Tejessy, 1956; Lockwood, 1975; Ludwig, 1967, 1970, 1972; MacArthur, 1955; Mausner, 1961; Meyer and Schöfer, 1974; Mirmow, 1952b; Monosoff, 1964; Nava and Cunha, 1957a; Nencini and Misiti, 1956b; Nencini and Venier, 1966a; Palmer, 1957; Pareek, 1958d; Pareek and Kumar, 1966; Pichot, 1955; Rogers and Paul, 1959; Rosenzweig, 1959; Rosenzweig and Adelman, 1977; Rosenzweig and Mirmow, 1950; Ross et al., 1963; Saito, 1973; Schalock and MacDonald, 1966; Schwartz, 1952; Schwartz and Karlin, 1954; Seidman, 1964; Siegel et al., 1957; Smith, 1958; Takala, 1953; Takala and Takala, 1957; Trentini, 1962; Walker, 1951; Wilson, 1973.

2. 基準関連

Albee and Goldman, 1950; Angelino and Shedd, 1955; Bennett, 1958; Brody, 1974; Coché, 1974; Delay et al., 1953, 1955; Falls and Blake, 1949; Getzels and Guba, 1955; Hart, 1974; Himmelweit and Petrie, 1951; Holzberg and Posner, 1951; Ichitani and Hayashi, 1976; Jones, 1973; Karlin and Schwartz, 1953; Kramer, 1958a; Krieger and Schwartz, 1965; Liakos et al., 1977; Lindzey and Goldwyn, 1954; Lipman, 1959; Ludwig, 1970; Masson, 1973; Megargee, 1966a, 1966b; Mehlman and Whiteman, 1955; Mirmow, 1952a, 1952b; Misiti and Ponzo, 1958; Mukerji and Debabrata, 1968; Nisenson, 1972; Norman and Kleinfeld, 1958; Pareek, 1960c; Quay and Sweetland, 1954; Rao and Ramalingaswamy, 1974; Rapaport and Marshall, 1962; Rapisarda, 1962; Rauchfleisch, 1971a, 1973, 1974; Rosenzweig, 1952, 1963; Sanford and Rosenstock, 1952; Schneider, 1974; Schwartz, 1957a; Simos, 1950; Singh et al., 1972; Swickard and Spilka, 1961;

Thiesen and Meister, 1949; Trapp, 1959; Trentini, 1966, 1968; Van Dam, 1970; Wallen et al., 1964; White, 1971; Wilson, 1973; Zimet et al., 1973.
  3. 実用的（予測，応用）
     IV～XII を参照
IV. 発達差，個人差
  1. 年齢
     Angelino and Shedd, 1955, 1956; Banik, 1964; Cesa-Bianchi and Trentini, 1962; Coetsier and Lagae, 1961; Dussan, 1974; Ferracuti and Ricciardi, 1954; Habets, 1958; Ichitani and Uemura, 1965; Lynch and Arndt, 1973; Pareek, 1960b; Rao and Ramalingaswamy, 1974; Rauchfleisch, 1978; Rosenzweig, 1952; Rosenzweig et al., 1948; Schwartz and Kleemeier, 1965; Sharma, 1975; Stoltz and Smith, 1959; Thiesen and Meister, 1949; Zimet et al., 1973.
  2. 性
     Cesa-Bianchi and Trentini, 1962; Corke, 1962; Ichitani, 1964; Lockwood, 1975; Moore and Schwartz, 1963; Oeser and Emery, 1954; Rosenzweig, 1969, 1970; Rosenzweig and Braun, 1969, 1970; Roth and Puri, 1967; Sharma, 1975; Spache, 1951; Stoltz and Smith, 1959; Wendland, 1954; Zaidi and Shafi, 1965.
  3. 特別条件
     a. 障害者
        Breithaupt, 1960; Dvonch, 1968; Jervis and Haslerud, 1950; Kahn, 1951; Lange, 1959; Lynch and Arndt, 1973; Solomon, 1962; TeBeest and Dickie, 1976; Van Roy, 1954; Wallen et al., 1964; Weise, 1971.
     b. スポーツ選手
        Antonelli et al., 1964; Figler, 1976; Hanin, 1976; Hashimoto, 1961; Husman, 1955; Mastruzzo, 1964; Rapisarda and Mastruzzo, 1960a, 1960b; Riccio and Antonelli, 1962; Schneider, 1974.
     c. 超能力
        Eilbert and Schmeidler, 1950; Osis and Fahler, 1965; Schmeidler, 1950, 1954; Schmeidler and McConnell, 1958.
  4. その他
     Eppel and Eppel, 1966; Ferguson, 1954; Foulds, 1958; Foulds et al., 1960; Hines, 1963; Hwang, 1969; Iannaccaro, 1962; Kojima, 1960; Kramer, 1959a, 1959b; Lebbolo, 1952; Maruyama, 1969; Matton, 1961; Mikawa and Boston, 1968; Misiti and Ponzo, 1958; Petiziol and Ricco, 1960; Ricciuti, 1951; Shapiro, 1954; Simons, 1967b; Spache, 1950; Sundgren, 1964; Tausch-Habeck,

1956; Tewari and Shukla, 1968; Tewari and Tewari, 1968; Villerbu, 1967; Wessman et al., 1960; Zuk, 1956.
V. 臨床的問題
1. 神経症,行動問題
Abrams, 1953; Canter, 1953; Coleman and Seret, 1950; Cremieux et al., 1957; Davids and Oliver, 1960; Foulds et al., 1960; Harth, 1966; Himmelweit and Petrie, 1951; Hybl and Stagner, 1952; Ichitani, 1965c; Ichitani and Hayashi, 1976; Karson and Markenson, 1973; Kupferman and Ulmer, 1964; Levine, 1976; Liakos et al., 1977; Lord, 1952; Meyer et al., 1968; Minski and Desai, 1955; Němec, 1961; Nencini, 1959; Nencini and Casini Nencini, 1957; Nencini and Riccio, 1957; Pasquet et al., 1955; Rapisarda, 1960; Rosenzweig and Rosenzweig, 1952; Schöfer and Meyer, 1976; Simos, 1950; Singh et al., 1972; Starer, 1952; Stern, 1954; Thaller et al., 1967.
2. 抑うつ,自殺
Arneson and Feldman, 1968; Bulato, 1961; Delay et al., 1953, 1955; Dorpat and Ripley, 1960; Farberow, 1950; Holzberg et al., 1951; Ichitani and Hayashi, 1976; Lester, 1970; Levenson and Neuringer, 1970; Nencini, 1959; Nencini et al., 1953; Pasquet et al., 1955; Preston, 1964; Sacripanti, 1958; Schöfer and Meyer, 1976; Selkin and Morris, 1971; Simos, 1950; Waugh, 1974; Winfield and Sparer, 1953; Wittenborn and Plante, 1963; Wittenborn et al., 1961.
3. 統合失調症
Albee, 1950; Brown and Lacey, 1954; Delay et al., 1953, 1955; Diamond, 1955; Foulds et al., 1960; Hybl and Stagner, 1952; Iacono, 1955; Moss et al., 1959; Nathan, 1963; Nencini, 1959; Nencini, Misiti, and Banissoni, 1954; Pasquet et al., 1955; Schöfer and Meyer, 1976; Shakow et al., 1945; Simos, 1950; Starer, 1952; Williams, 1965.
4. てんかん
Canter, 1953; Landisberg, 1947; Prensky, 1958–59.
5. 心身症
Abrams, 1953; Bell et al., 1953; Belloni et al., 1956; Bennett and Johannsen, 1954; Cobb et al., 1962; Ferracuti et al., 1953; Ferracuti and Rizzo, 1955; Ferracuti and Turillazzi, 1954; Foster, 1958; Franklin and Brozek, 1949; Funkenstein et al., 1953, 1957; Gainotti and Cianchetti, 1967; Herbert, 1965; Johannsen and Bennett, 1955; Jores and von Kerékjártó, 1967; Kamiya, 1959; Knoblach, 1971; Koninckx and Dongier, 1970; Korkes and Lewis, 1955; Lewinsohn, 1956; Loveland and Singer, 1959; McDonough, 1964; Meyer and Weitemeyer, 1967; Meyer et al.,

1968; Minski and Desai, 1955; Mordkoff and Golas, 1968; Némec, 1961; Pflanz and von Uexküll, 1962; Pierloot and Van Roy, 1969; Prensky, 1958-59; Rapisarda and Romeo, 1965; Schöfer and Meyer, 1976; Schwartz and Kleemeier, 1965; Seitz et al., 1953; Seward et al, 1951; Solomon, 1962; Tridenti, et al., 1972; Vieira et al., 1973; Volle and Spilka, 1961; Wendland, 1954.

6. アルコール中毒，薬物中毒

Barberini, 1961; Bathhurst and Glatt, 1959; Brown and Lacey, 1954; Coché, 1974; Coda and Bertalot, 1962; Cormier et al., 1973; Delay et al., 1955; Diamond, 1955; Edwards et al., 1969; Gold, 1960; Haward, 1969; McGlothlin et al., 1964; Murphy, 1956; Ross et al., 1963; Syme, 1957; Takala et al., 1957.

7. その他

Adar, 1971; Boyd et al., 1973; Coché, 1974; Davis, 1955; Dvonch, 1968; English, 1961; Grousset et al., 1957; Guyotat and Guillaumin, 1960; Hanvik, 1950; Holzberg and Hahn, 1952; Ichitani, 1965a; Kamiya, 1959; Koski, 1969; Matton, 1961; Mouren et al., 1957; Picard et al., 1957; Rauchfleisch, 1971b; Sopchak, 1956; Stern, 1954; Sviland, 1972; Van Roy, 1954; Wittenborn et al., 1964.

VI. 反社会的行動

1. 犯罪

Barletta Reitano and Di Nuovo, 1976; De Renzi and Gatti, 1958; Dogliani and Micheletti, 1960; Mercer and Kyriazis, 1962; Petrauskas, 1962; Rosenzweig, 1963; Wolfgang and Ferracuti, 1967.

2. 非行

Banik, 1964; Chorost, 1962; Duhm, 1959; Ferguson, 1954; Foreman, 1962; Foster, 1958; Foulds, 1945; Friedland, 1960; Gatling, 1950; Gold, 1960; Grygier, 1954; Hart, 1974; Hashimoto, 1961; Holzberg and Hahn, 1952; Jones, 1973; Kramer, 1958b; Lindzey and Goldwyn, 1954; Lyon and Vinacke, 1955; Megargee, 1966a, 1966b; Mitchell, 1967; Norman and Kleinfeld, 1958; Petrauskas, 1962; Purdom, 1958-59; Rauchfleisch, 1973, 1974, 1976; Rosenzweig, 1963; Shapiro, 1954; Sivanandam, 1971; Smith, 1958; Solomon, 1962; Swickard and Spilka, 1961; Teichman, 1971; Temmer, 1958; Vane, 1954; White, 1971; Wolfgang and Ferracuti, 1967.

3. 矯正効果

Bennett and Rudoff, 1960; Fry, 1949; Hecker, 1972; Kaswan et al., 1960; Mercer and Kyriazis, 1962; Peizer, 1956; Rapaport and Marshall, 1962.

VII. 人事選考，産業

1. 人事
Boisbourdin et al., 1956; Delys and Zeghers, 1955; Dooher and Marting, 1957; DuBois and Watson, 1950; Guion and Gottier, 1965; Hedberg, 1957; Jackson, 1950; Kinslinger, 1966; Kramer, 1961; Mandell, 1957; Perczel and Perczel, 1969; Pym, 1963, 1965; Reynolds, 1972; Schwartz and Levine, 1965; Sinaiko, 1949; Van Dam, 1970.
2. 事故頻発
Harris, 1953; Heiss, 1967; Krall, 1953; McGuire, 1956; Preston, 1964.

VIII. カウンセリング，治療
1. カウンセリング〈教育的〉
Brody, 1974; Freidland, 1960; Harth, 1966; Hashimoto, 1961; Kupferman and Ulmer, 1964; Mensh and Mason, 1951; Whetstone, 1965.
2. 心理療法
Bennett and Rudoff, 1960; Davis, 1955; Hecker, 1972; Hybl and Stagner, 1952; Kramer, 1958b; Maskit, 1961; Mouren et al., 1957; Peizer, 1956; Rapaport and Marshall, 1962; Rosenzweig, 1938a, 1950a, 1968; Selkin and Morris, 1971; Temmer, 1958; Van Roy, 1954.
3. 精神医学的治療
Carpenter, 1957; Meyer et al., 1968; Moss et al., 1958; Takala et al., 1957; Wittenborn and Plante, 1963; Wittenborn et al., 1961, 1964.
4. 行動療法
Dunlap, 1969; Monosoff, 1964.

IX. 教育心理学，学校心理学
1. 教師選考，実効性
Bennett, 1958; Bjerstedt, 1967; Bjerstedt and Sundgren, 1967; Downing et al., 1965; Herbert and Turnbull, 1963; Whetstone, 1965.
2. 学業成績
Adler, 1964; Davids and Oliver, 1960; Hines, 1963; Junken, 1953; Nathan, 1963; Roth and Puri, 1967; Shaw and Black, 1960; Smith, 1961; Weiner and Ader, 1965.
3. 知的障害
Angelino and Shedd, 1956; Dunlap, 1969; Foreman, 1962; Foulds, 1945; Ichitani and Maegawa, 1968; Lipman, 1959; Petiziol and Ricco, 1960; Portnoy and Stacey, 1954; Ross, 1965; TeBeest and Dickie, 1976.
4. 言語矯正
Emerick, 1967; English, 1961; Lowinger, 1952; Madison and

2部 歴史と研究ガイド

Norman, 1952; Murphy, 1953; Němec, 1961; Quarrington, 1953; Sheehan, 1958.
5. 読書能力, 読書障害
Bishop, 1972; Connolly, 1969; Corman, 1963-64; Lieberman, 1969; McKinley, 1958; Myklebust, 1969; Purdom, 1958-59; Spache, 1950, 1951, 1954, 1955, 1957, 1963; Zimet et al., 1973.
6. 知能
Angelino and Shedd, 1955; Breithaupt, 1960; Karlin and Schwartz, 1953; McCary and Tracktir, 1957; Rauchfleisch, 1974; Shaw and Black, 1960.
7. その他
Chorost, 1962; Harth, 1966; Jervis and Haslerud, 1950; Jones, 1973; Kahn, 1951; Lange, 1959; MacArthur, 1955; Mensh and Mason, 1951; Mintz, 1968; Pitkanen, 1969; Sears and Sherman, 1964; Simons, 1967b; Sundgren, 1964; Tewari and Gautam, 1966; Tewari and Shukla, 1968; Wright and McCary, 1969.

X. 家族関係
Bornstein and Coleman, 1956; Chorost, 1962; Foulds, 1945; Helfant, 1952; Herbst, 1954; Hwang, 1969; Iannaccaro, 1962; Karson and Markenson, 1973; Kates, 1951; Kojima, 1960; McKinley, 1958; Maruyama, 1969; Mikawa and Boston, 1968; Musgrove, 1965; Reck et al., 1969; Saltzman, 1965; Sopchak, 1956; Teichman, 1971; Weatherly, 1966.

XI. 文化, 人種, 社会経済的地位
1. 人種
Corke, 1962; Lesser, 1958; McCary, 1950, 1956; McCary and Tracktir, 1957; Megargee, 1966; Misa, 1967; Portnoy and Stacey, 1954; Solomon, 1962; Sommer, 1954; Vinacke, 1959; Winslow and Brainerd, 1950.
2. 宗教
Brown, 1965; Dreger, 1952; Godin, 1960; Kirschner et al., 1962; Parsons, 1955; Saltzman, 1965; Sarker, 1969; Weatherly, 1966; Weinstein et al., 1963.
3. 生活様式
Coons, 1957; Eppel and Eppel, 1966; Hayes, 1949; Helfant, 1952; Herbst, 1954; Levinson, 1966; Lorioz, 1965; Masson, 1973; Misa, 1967; Miyawaki, 1958; Oeser and Emery, 1954; Ricciuti, 1951; Saito, 1973; Sarker, 1969.
4. 社会経済
Adinolfi et al., 1973; Coons, 1957; Downing et al., 1965; Hart, 1974; Lorioz, 1965; Parsons, 1955; Saito, 1973; Stoltz and Smith, 1959; Trentini and Muzio, 1970.
5. 偏見, 権威主義

*094*

Brown, 1947; Canter and Shoemaker, 1960; Getzels and Guba, 1955; Harrigan et al., 1961; Harvey, 1962; Hayes, 1949; Jones, 1973; Kuethe, 1964; Lesser, 1958; Lindzey, 1950a, 1950b; Nisenson, 1972; Roberts and Jessor, 1958; Sanford and Rosenstock, 1952; Sarnoff, 1951; Sommer, 1954; Taft, 1958; Takala and Takala, 1957; Trapp, 1959; Trentini, 1970; Wilson, 1973; Wright and Harvey, 1965.
  6. 文化交差
   Adinolfi et al., 1973; Ainsworth and Ainsworth, 1962; Ferracuti and Ricciardi, 1954; Gabriel and Herd, 1960; Herbert, 1965; Hwang, 1969; Ichitani and Hayashi, 1976; Leblanc, 1956; Lyon and Vinacke, 1955; McCary, 1950, 1956; Norman and Kleinfeld, 1958; Oeser and Emery, 1954; Pareek, 1958c , 1960a, 1960b, 1964; Rao and Ramalingaswamy, 1974; Sanford and Rosenstock, 1952; Swickard and Spilka, 1961; Takala and Takala, 1957; Triandis and Lambert, 1961; Zaidi and Shafi, 1965.
XII. 実験的心理力動論
  1. 従属変数としてのP-F
   Albee and Goldman, 1950; Albert, 1957; Berkun and Burdick, 1964; Canter and Shoemaker, 1960; Clark, 1946; Cutter, 1963; Diamond, 1955; Franklin and Brozek, 1949; French, 1950; Ichitani and Takeda, 1966, 1967; Kates, 1952; Lange, 1959; Leonardi, 1973; Lindzey, 1959; Lindzey and Tejessy, 1956; Loveland and Singer, 1959; McQueen and Pearson, 1959; Pitkänen, 1963; Schwartz et al., 1964; Simkins, 1961; Simons, 1967a; Taft, 1971; Taylor, 1953; Timaeus and Wolf, 1962; White, 1971; Zuk, 1956.
  2. 投影的同一視
   Bell and Rosenzweig, 1965; Moore and Schwartz, 1963; Nencini and Venier, 1966b; Ricciuti, 1951; Saltzman, 1965; Schwartz, 1957b; Searle, 1976; Silverstein, 1957; Sutcliffe, 1955; Wallon and Webb, 1957.
  3. パーソナリティ力動
    a. パーソナリティ構造
     Albert, 1957; Altrocchi et al., 1964; Barber, 1964; Barta, 1962; Brichácek and Kolářský, 1959; Bulato, 1961; Canter, 1953; Christiansen, 1959; Clark, 1946; Coleman, 1967; Croce, 1968; Edelman, 1959; Fine and Sweeney, 1968; Fisher and Hinds, 1951; Getzels and Guba, 1955; Graine, 1957; Gross, 1965; Harris, 1955; Hines, 1972; Hwang, 1969; Jenkin, 1955; Kates, 1951; Lindzey and Riecken, 1951; Magistretti, 1952; Masciocchi and Monteverdi, 1958; Maskit, 1961; Mintz, 1968; O'Connell, 1969; Otsu, 1961; Rauchfleisch, 1973; Rosenzweig, 1937, 1938a, 1938c, 1943, 1950a, 1950f, 1951a, 1967a; Rosenz-

2部 歴史と研究ガイド

weig and Sarason, 1942; Sanford and Rosenstock, 1952; Sarason and Rosenzweig, 1942; Schill and Black, 1969; Schmeidler, 1954; Schmeidler and McConnell, 1958; Schwartz, 1952; Scott, 1976; Seidman, 1964; Shor, et al., 1966; Taft, 1971; Taylor, 1953; Trentini, 1966, 1968, 1970; Weiss and Fine, 1956; Wright and McCary, 1969; Zuckerman, 1955.

b. 自己概念, 自己評価
Ludwig, 1967, 1970; Mitchell, 1967; Rao and Ramalingaswamy, 1974; Roberts and Jessor, 1958; Rogers and Paul, 1959; Schill and Black, 1967; Searle, 1976; Sears and Sherman, 1964; Teichman, 1971; Zuk, 1956.

4. 心理査定における行動水準
    a. パーソナリティの構え, 行動水準
    Borgatta, 1951; Coleman, 1967; Grygier, 1954; Lockwood, 1975; Ludwig, 1967, 1972; McQueen and Pearson, 1959; Megargee, 1966b; Nisenson, 1972; Rosenzweig, 1934a, 1950b, 1970b; Sanford, 1950-51; Simos, 1950; Sutcliffe, 1955; Szakács, 1968; Wallon and Webb, 1957; Wechsberg, 1951.

    b. 社会的望ましさ, 見せかけ, 同調性
    Graine, 1957; Mitchell, 1967; Pavlovic, 1964; Rosenzweig, 1967b, 1970b; Silverstein, 1957; Trentini, 1961; Whitman and Schwartz, 1966, 1967.

# 3部
# 引用文献

# 引用文献

Abrams, E. N. A comparison of normals and neuropsychiatric veterans on the Rosenzweig Picture-Frustration Study. *Journal of Clinical Psychology*, 1953, *9*, 24–26.

Adar, L. D. An investigation of the relationship of some aspects of frustration to pulmonary tuberculosis. *Dissertation Abstracts*, 1971, *31*, 4322B.

Adinolfi, A. A., Watson, R. I., Jr., and Klein, R. E. Aggressive reactions to frustration in urban Guatemalan children: the effects of sex and social class. *Journal of Personality and Social Psychology*, 1973, *25*, 227–233.

Adler, M. L. Differences in Bright-Low-achieving and High-achieving ninth grade pupils. *Dissertation Abstracts*, 1964, *24*, 5184.

Ainsworth, M. D., and Ainsworth, L. H. Acculturation in East Africa: 2. Frustration and aggression. *Journal of Social Psychology*, 1962, *57*, 401–407.

Albee, G. W. Patterns of aggression in psychopathology. *Journal of Consulting Psychology*, 1950, *14*, 465–468.

Albee, G. W., and Goldman, R. The Picture-Frustration Study as a predictor of overt aggression. *Journal of Projective Techniques*, 1950, *14*, 303–308.

Albert, R. S. The role of mass media and the effect of aggressive film content upon children's aggressive responses and identification of choices. *Genetic Psychology Monographs*, 1957, *55*, 221-285.

Altrocchi, J., Shrauger, S., and McLeod, M. A. Attribution of hostility to self and others by expressors, sensitizers, and repressors. *Journal of Clinical Psychology*, 1964, *20*, 233.

Angelino, H., and Shedd, C. L. Reactions to frustration among normal and superior children. *Exceptional Children*, 1955, *21*, 215-218, 229-230.

Angelino, H., and Shedd, C. L. A study of the reactions to "frustration" of a group of mentally retarded children as measured by the Rosenzweig Picture-Frustration Study. *Psychological Newsletter, New York University*, 1956, *8*, 49-54.

Antonelli, F., and Riccio, D. Il P.F.S. di Rosenzweig applicato a 50 allievi dell' I.S.E.F. *Medicina Psicosomatica*, 1959, *4*, 214-219.

Antonelli, F., Tuccimei, G., and Celli, B. Il test di Rosenzweig in 30 schermitori italiani di interesse nazionale. *Medical Journal Abstracts*, 1964, *14*, 318-326.

Anzieu, D. *Les méthodes projectives.* Paris: Presses universitaires de France (Le Psychologue, 9), 1960. See pp. 164-167.

Arneson, G., and Feldman, J. Utilization of the Rosenzweig Picture-Frustration Test to distinguish suicidal gestures from suicidal attempts. Paper presented at the First National Conference on Suicidology (Research Reports 1: Current Studies of Special Suicidal Groups), Chicago, 1968.

Banik, S. N. A study of frustration and aggression in adolescent boys. Ph.D. dissertation, University of Bristol (England), August 1964.

Banissoni, P., Misiti, R., and Nencini, R. *Guida alla siglatura del P.F. Test di Rosenzweig. Bollettino di Psicologia Applicata*, 1954, 1-3, 7-127. (Manual for the Italian version of the Rosenzweig P-F Study, Adult Form)

Banissoni, P., Misiti, R., and Nencini, R. Taratura italiana del P.F. test di Rosenzweig. *Bollettino di Psicologia e Sociologia Applicata*, 1955, 9-11, 22-57.

Barbato, Z. Il P.F.T. di Rosenzweig nelle malattie mentale. *Rivista Sperimentale di Freniatria*, 1956, *4*, 854-859.

Barber, T. X. Hypnotizability, suggestibility, and personality: V. A critical review of research findings. *Psychological Reports*, 1964, *14*, 299–320.

Barberini, E. Contributo all'identificazione di rapporti tra capacità reattive tempermentali e alcoolismo cronico attraverso il "Picture Frustration Test" (P.F.T.) di Rosenzweig e una batteria di test proiettivi. *Minerva Medicopsicologica*, 1961, *4*, 4–23.

Barletta Reitano, F., and Di Nuovo, S. Aspetti della personalità del magistrato valutati con il test di S. Rosenzweig (P.F.S.). *Atti I° Convegno Regionale dell'Associazione Nazionale Giudici per Minorenni* (Catania), 1976, 5–30.

Barta, J. A study of the concurrence of anxiety and hostility. *Dissertation Abstracts*, 1002, 29, 0471.

Bathhurst, G. C., and Glatt, M. M. Some psychological reflections on vulnerability to alcoholism. *Psychiatrie et Neurologie* (Basel), 1959, *138*, 27–46.

Battegay, R. & Rauchfleisch, U. *Medizinische Psychologie.* Bern: Hans Huber, 1974. pp. 157–159.

Bell, A., Trosman, H., and Ross, D. The use of projective techniques in the investigation of emotional aspects of general medical disorders: Part 2. Other projective techniques and suggestions for experimental design. *Journal of Projective Techniques*, 1953, *17*, 51–60.

Bell, J. E. The case of Gregor: Psychological test data. *Rorschach Research Exchange*, 1949, *13*, 155–205.

Bell, R. B., and Rosenzweig, S. The investigation of projective distance with special reference to the Rosenzweig Picture-Frustration Study. *Journal of Projective Techniques and Personality Assessment*, 1965, *29*, 161–167.

Belloni, C., Ferracuti, F., and Rizzo, G. B. Contributo sperimentale allo studio della psicologia degli amputati. *Rivista degli Infortuni e delle Malattie Professionali* (Rome), 1956. Numero Monografico dedicato alla chirurgia traumatologica.

Bennett, C. M. The relationships between responses to pupil aggression and selected personality characteristics of student teachers. *Dissertation Abstracts*, 1958, *18*, 1335.

Bennett, C. M., and Jordan, T. E. Security-insecurity and the direction of aggressive responses to frustration. *Journal of Clinical Psychology*, 1958, *14*, 166–167.

3部 引用文献

Bennett, E. M., and Johannsen, D. E. Psychodynamics of the diabetic child. *Psychological Monographs*, 1954, *68*, No. 11 (Whole No. 382), 23 pp.

Bennett, L. A., and Rudoff, A. Changes in direction of hostility related to incarceration and treatment. *Journal of Clinical Psychology*, 1960, *16*, 408–410.

Berkun, M. M., and Burdick, H. A. Effect of preceding Rosenzweig's P-F Test with the TAT. *Journal of Clinical Psychology*, 1964, *20*, 253.

Bernard, J. The Rosenzweig Picture-Frustration Study: I. Norms, reliability and statistical evaluation. II. Interpretation. *Journal of Psychology*, 1949, *28*, 325–343.

Bishop, A. L., III. The relationship between an entering first grader's tolerance for frustration, and his achievement in word recognition. *Dissertation Abstracts*, 1972, *33*, 1965A.

Bjerstedt, Å. Assessment of interaction tendencies: three approaches. *Educational and Psychological Interactions*, 1964 (Malmo, Sweden: University of Malmo, School of Education). No. 2, 1–13.

Bjerstedt, Å. The Rosenzweig Picture-Frustration Study: a critical review. In O. Buros (Ed.), *The sixth mental measurements yearbook*. Highland Park, N.J.: Gryphon Press, 1965, pp. 509–516.

Bjerstedt, Å. Interaction-oriented approaches to the assessment of student teachers. *Journal of Teacher Education*, 1967, *18*, 339–357.

Bjerstedt, Å. Rosenzweig Picture-Frustration Study: Barnversionen, svensk bearbetning. Stockholm: Skandinaviska Testförlaget, 1968. (Manual for the Swedish Version of the Rosenzweig P-F Study, Children's Form) (a)

Bjerstedt, Å. Rosenzweig Picture-Frustration Study: Vuxenversionen, svensk bearbetning. Stockholm: Skandinaviska Testförlaget, 1968. (Manual for the Swedish version of the Rosenzweig P-F Study, Adult Form.) (b)

Bjerstedt, Å., and Sundgren, P. Teacher personality and teacher effectiveness. *Educational and Psychological Interactions* (Malmo, Sweden: University of Malmo, School of Education, 1967, No. 20.

Boisbourdin, A., Michel, A., and Peltier, J. R. Experimentation du Test P. F. de Rosenzweig sur un group d'élèves pilotes de l'armée de l'air. *Revue de Psychologie Appliquée*, 1956, *6*, 15–27.

引用文献

Borgatta, E. F. An analysis of three levels of response: an approach to some relationships among dimensions of personality. *Sociometry*, 1951, *14*, 267–316.

Bornstein, F. L., and Coleman, J. C. The relationship between certain parents' attitudes toward child rearing and the direction of aggression of their young adult offspring. *Journal of Clinical Psychology*, 1956, *12*, 41–44.

Boyd, I., Yeager, M., and McMillan, M. Personality styles in the postoperative course. *Psychosomatic Medicine*, 1973, *35*, 23–40.

Breithaupt, J. F. The effects of intelligence and orthopedic handicap upon selected personality variables. *Dissertation Abstracts*, 1960, *21*, 545.

Břicháček, V., and Kolářský, A. Pokus o zjištění závislosti retence na druhu reakce ve frustrační situaci [An experiment on the dependence of memory for frustrating situations on the type of reaction shown in them]. *Ceskoslovenská Psychologie*, 1959, *3*, 126–136.

Brody, M. B. The effects of rational-emotive affective education on anxiety, self-esteem, and frustration tolerance. *Dissertation Abstracts*, 1974, *35*, 3506A.

Brown, J. F. A modification of the Rosenzweig Picture-Frustration test to study hostile interracial attitudes. *Journal of Psychology*, 1947, *24*, 247–272.

Brown, L. B. Aggression and denominational membership. *British Journal of Social and Clinical Psychology*, 1965, *4*, 175–178.

Brown, R. L., and Lacey, O. L. The diagnostic value of the Rosenzweig P-F Study. *Journal of Clinical Psychology*, 1954, *10*, 72–75.

Bulato, J. C. The direction of aggression in clinically depressed women. *Dissertation Abstracts*, 1961, *22*, 1249.

Burnham, C. A. Preliminary experiments with the Rosenzweig F(rustration)-Reaction Study. Unpublished master's thesis, Clark University (Worcester, Mass.), 1939.

Canter, F. M. Personality factors in seizure states with reference to the Rosenzweig triadic hypothesis. *Journal of Consulting Psychology*, 1953, *17*, 429–435.

Canter, F. M., and Shoemaker, R. The relationship between authoritarian attitudes and attitudes toward mental patients. *Nursing Research,* 1960, *9,* 39–41.

Carli, Renzo, and Ancona, Teresa. La dinamica dell'aggressivita' dopo stimolo filmico. *Ikon (Revue Internationale de Filmologie),* 1968, *18,* 39–51.

Carpenter, L. G., Jr. Relation of aggression in the personality to outcome with electro-convulsive shock therapy. *Journal of Genetic Psychology,* 1957, *57,* 3–22.

Cesa-Bianchi, M., and Trentini, G. A further contribution to the study of adjustment in old age. In C. Tibbitts and W. Donahue (Eds.), *Social and psychological aspects of aging. Proceedings of the Fifth International Congress of Gerontology.* New York: Columbia University Press, 1962, pp. 623–627.

Challman, R. C., and Symonds, P. M. Rosenzweig Picture-Frustration Study. In O. K. Buros (Ed.), *The fourth mental measurements yearbook.* New Brunswick, N.J.: Rutgers University Press, 1953, pp. 239–243.

Chorost, S. B. Parental child-rearing attitudes and their correlates in adolescent hostility. *Genetic Psychology Monographs,* 1962, *66,* 49–90.

Christiansen, B. Rosenzweig's billed-frustrasjonstest [Rosenzweig's Picture-Frustration Test]. *Nordisk Psykologi Monografiserie,* 1955, No. 7. (a)

Christiansen, B. *Rosenzweig's billed-frustrasjonstest.* Copenhagen: Munksgaard, 1955. (b)

Christiansen, B. The latency hypothesis: a structural approach. Chapter 7 in *Attitudes towards foreign affairs as a function of personality.* Oslo: Oslo University Press, 1959, pp. 129–147.

Clark, R. A. Aggressiveness and military training. *American Journal of Sociology,* 1946, *51,* 423–432.

Clarke, H. J. The Rosenzweig Picture-Frustration Study. In H. H. Anderson and G. L. Anderson, (Eds.), *An introduction to projective techniques.* New York: Prentice-Hall, 1951, pp. 312–323.

Clarke, H. J., Rosenzweig, S., and Fleming, E. E. The reliability of the scoring of the Rosenzweig Picture-Frustration Study. *Journal of Clinical Psychology,* 1947, *3,* 364–370.

引用文献

Cobb, B., Damarin, F., Krasnoff, A., and Trunnell, J. B. Personality factors and stress in carcinoma. In W. S. Kroger (Ed.), *Psychosomatic obstetrics, gynecology and endocrinology.* Springfield, Ill.: Charles C Thomas, 1962, pp. 738–765.

Coché, E. A comparison of psychotic and alcoholic psychiatric hospital patients on the Rosenzweig Picture-Frustration Study. *Acta Psychiatrica Belgica,* 1974, *74,* 365–370.

Coda, G., and Bertalot, L. Le Test de Rosenzweig et l'aggressivité latente. Etude sur 50 alcooliques. *Le Revue de l'alcoolisme,* 1962, *8,* 239–242.

Coetsier, L. Le standardization d'un test de personnalité. *Revue de Psychologie Appliquée,* 1963, *13,* 145–170.

Coetsier, L., and Lagae, C. *Frustratie-studie, een experimentele Bijdrage tot de Jeugd psychologie.* Deinze, Belgium: Caecilia Boekhandle, 1961.

Coleman, J. C., Stimulus factors in the relation between fantasy and behavior. *Journal of Projective Techniques and Personality Assessment,* 1967, *31,* 68–73.

Coleman, J. C., with Seret, C. J. The role of hostility in fingernail biting. *Psychological Service Center Journal,* 1950, *2,* 238–244.

Connolly, C., The psychosocial adjustment of children with dyslexia. *Exceptional Children,* 1969, *36,* 126–127.

Coons, M. O. Rosenzweig differences in reaction to frustration in children of high, low and middle sociometric status. *Group Psychotherapy,* 1957, *10,* 60–63.

Corke, P. P. A comparison of frustration-aggression patterns of Negro and white southern males and females. *Dissertation Abstracts,* 1962, *22,* 2870.

Corman, J. *Le Test de Rosenzweig: etude sur 50 dyslexiques.* Nantes, France: J. Corman, 1963–64, pp. 1–40.

Cormier, D., Bourassa, M., and Landreville, I. La tolérance à la frustration et le recours à la marijuana. *Toxicomanies,* 1973, *6,* 371–383.

Cortada, N. Tests de Rosenzweig, Rotter, Machover y Allen. In *Los Tests,* de B. Székely, III tomo, 4 ed. Buenos Aires: 1960.

Cortada de Kohan, N. *Test de Frustration (P.F.T.)*. Buenos Aires: Editorial Paidos, 1968. (Manual for the Spanish version of the Rosenzweig P-F Study, Adult Form.)

Cox, F. N. The Rosenzweig Picture-Frustration Study (Child Form). *Australian Journal of Psychology*, 1957, *9*, 141–148.

Cremieux, A., Dongier, S., and Dongier, D. Résultats du test de Rosenzweig chez 120 névrosés. In *Rapport du congrès des médecins aliénistes et neurologistes de France et des pays de langue française, Bordeaux, 1956*. Paris: Masson, 1957. pp. 311–318.

Crenshaw, D. A., Bohn, S., Hoffman, M. R., Matheus, J. M. and Offenbach, G. The use of projective methods in research: 1947–1965. *Journal of Projective Techniques and Personality Assessment*, 1968, *32*, 3–9.

Croce, M. A. L'influsso dell'atteggiamento psichico dello spettatore nella dinamica dell'aggressivita' dopo stimolo filmico fisso. *Ikon*, 1968, *18*, 53–63.

Cutter, H. S. G. Aggressive response strength as a function of interference with goal-oriented responses near to and far from their goal. *Psychological Reports*, 1963, *12*, 855–861.

Davids, A., and Oliver, G. R. Fantasy aggression and learning in emotionally disturbed and normal children. *Journal of Projective Techniques*, 1960, *24*, 124–128.

Davis, D. S. An investigation of the relationship of frustration tolerance in paraplegics and degree and rate of success in rehabilitation. *Dissertation Abstracts*, 1955, *15*, 1262.

Davreux, L. Quelques réflexions sur le test de Rosenzweig. *Revue de Psychologie et des Sciences de l'Education*, 1969, *4*, 448–454.

Delay, J., Pichot, P., and Perse, J. *Méthodes psychométriques en clinique: tests mentaux et interprétation*. Paris: Masson & Cie., 1955. Chapters XII-XV in Section III.

Delay, J., Pichot, P., Perse, J., and Cohen, J. La validité des tests de personnalité en psychiatrie. IV. Etude sur un test objectif et un test projectif de frustration dans la melancolie et al schizophrenie (1). *Annales Médico-Psychologiques*, 1953, *1*, 153–174.

Delys, L., and Zeghers, J. Een onderzoek naar de prediktieve waarde van de P-F study van S. Rosenzweig in beroepsselektie [Research on the predictive value of the Rosenzweig P-F Study in professional selection]. *Revue Belge de Psychologie et de Pédagogie* (Brussels), 1955, *17*, 69–96.

De Renzi, E., and Gatti, B. La personalita sociopatica alla luce della indagine psicodiagnostica. *Archivio di Psicologia, Neurologia e Psichiatria*, 1958, *19*, 509–558.

Diamond, M. D. A comparison of the interpersonal skills of schizophrenics and drug addicts. *Dissertation Abstracts*, 1955, *15*, 1439.

Dogliani, P., and Micheletti, V. Aspetti psicologici nella diagnosi delle personalita psicopatiche. *Folia Psychiatrica*, 1960, *3*, 1–14.

Dooher, M. J., and E. Marting (Eds.), *Selection of management personnel* (2 vols). New York: American Management Association, 1957. See Vol. I, pp. 462–463.

Dorpat, T. L., and Ripley, H. S. A study of suicides in the Seattle area. *Comprehensive Psychiatry*, 1960, *1*, 349–359.

Downing, G. L., Edgar, R. W., Harris, A. J., Kornberg, L., and Storen, H. F. *The preparation of teachers for schools in culturally deprived neighborhoods* (Cooperative Research Project No. 935, The *Bridge* Project). Flushing, N.Y.: Queens College, City University of New York, 1965.

Dreger, R. M. Some personality correlates of religious attitudes as determined by projective techniques. *Psychological Monographs*, 1952, *66* (Whole No. 335).

DuBois, P. H., and Watson, R. I. The selection of patrolmen. *Journal of Applied Psychology*, 1950, *34*, 90–95.

Duhm, Erna. Die Reaktionen von Problemkindern in Rosenzweig Picture-Frustration Test. *Psychologische Rundschau*, 1959, *10*, 283–291.

Duhm, E., and Hansen, J. *Der Rosenzweig P-F Test. Form für Kinder.* Göttingen: Verlag für Psychologie, 1957. (Manual for the German version of the Rosenzweig P-F Study, Children's Form.)

Dunlap, E. L. The relationship between frustration reaction and occupational training success in a group of mentally retarded adolescents. *Dissertation Abstracts*, 1969, *30*, 1863–1864.

Dussan, R. D. Standardization of the Rosenzweig Frustration Test in the adolescent population of Bogota in the fifth and sixth years of the classical baccalaureate. *Mysterium* (Bogota, Colombia), 1974, *28*, 137-158.

Dvonch, P. Anomie and physical disability: an application of the concept of anomie to psychology of the disabled. *Dissertation Abstracts*, 1968, *29*, 478-479.

Edelman, J. An idiodynamic approach to ego-defensive behavior; an experimental study of perceptual, associative and memorial reactions to aggression. *Dissertation Abstracts*, 1959, *19*, 3021-3022.

Edwards, A. E., Bloom, M. H., and Cohen, S. The psychedelics: love or hostility potion? *Psychological Reports*, 1969, *24*, 843-846.

Eilbert, L., and Schmeidler, G. R. A study of certain psychological factors in relation to ESP performance. *Journal of Parapsychology*, 1950, *14*, 53-74.

Emerick, L. L. An evaluation of three psychological variables in tonic and clonic stutterers and in nonstutterers. *Dissertation Abstracts*, 1967, *28*, 317A.

English, R. H. Cleft palate children compared with non-cleft palate children: a personality study. *Dissertation Abstracts*, 1961, *23*, 2622.

Eppel, E. M., and Eppel, M. *Adolescents and morality.* New York: The Humanities Press, 1966. See pp. 182-212.

Falls, R. P., and Blake, R. R. A quantitative analysis of the Picture-Frustration Study. *Journal of Personality*, 1949, *16*, 320-325.

Farberow, N. L. Personality patterns of suicidal mental hospital patients. *Genetic Psychology Monographs*, 1950, *42*, 3-79. See pp. 50-56.

Ferguson, R. G. Some developmental factors in childhood aggression. *Journal of Educational Research*, 1954, *48*, 15-27.

Ferracuti, F. *Test di Frustrazione di Rosenzweig (P-F Study), Tipo per adulti.* Manuale di siglature (Revisionato). Florence: Organizzazioni Speciali, 1955. (Manual for the Italian version of the Rosenzweig P-F Study, Adult Form, Rev.) (a)

Ferracuti, F. *Del Test P-F (Picture-Frustration) di Rosenzweig. (Il tipo per fanciulli) Manuale.* Florence: Organizzazioni Speciali, 1955. (Manual for the Italian version of the Rosenzweig P-F Study, Children's Form) (b)

Ferracuti, F., Lotti, G. & Rizzo, G. B. Contributo allo studio della psicologia del canceroso terminale. *Bolletino di Oncologia* (della Lega Italiana per la lotta contro i Tumori), 1953, *27*, No. 4, 3-53.

Ferracuti, F., and Ricciardi, S. Reazioni alla frustrazione nei vecchi. *Rivista di Gerontologia e Geriatria*, 1954, *4*, No. 3, 77-95.

Ferracuti, F., and Rizzo, G. B. Psychological patterns in terminal cancer cases. *Education and Psychology*, 1955, *2*, 27-36.

Ferracuti, F., and Turillazzi, M. S. Il Test di Frustrazione di Rosenzweig nei tubercolotici. *Archives di Psycologia, Neurologia e Psichiatria*, 1953, *14*, 227-234. (Abstracted in English in *Beihefte Schweizerische Zeitschrift fur Psychologie une ihre Anwendungen*, 1954, No. 25, 81-82.)

Figler, S. K. Aggressive response to frustration among athletes and non-athletes. *Dissertation Abstracts*, 1976, *37*, 864A.

Fine, B. J., and Sweeney, D. R. Personality traits, and situational factors, and catecholamine excretion. *Journal of Experimental Research in Personality*, 1968, *3*, 15-27.

Fisher, S., and Hinds, E. The organization of hostility controls in various personality structures. *Genetic Psychology Monographs*, 1951, *44*, 3-68.

Foreman, M. E. Predicting behavioral problems among institutionalized mental retardates. *American Journal of Mental Deficiency*, 1962, *66*, 580-588.

Foster, A. L. The relationship between EEG abnormality, some psychological factors and delinquent behavior. *Journal of Projective Techniques*, 1958, *22*, 276-280.

Foulds, G. The child-family relationship and the frustration types among mental defective juvenile delinquents. *British Journal of Medical Psychology*, 1945, *20* (Part 3), 255-260.

Foulds, G. A. Superiority-Inferiority Index in relation to frustration situation. *Journal of Clinical Psychology*, 1958, *14*, 163-166.

Foulds, G. A., Caine, T. M., and Creasy, M. A. Aspects of extra- and intropunitive expression in mental illness. *Journal of Mental Science*, 1960, *106*, 599-610.

Franklin, J. C., and Brozek, J. The Rosenzweig P-F test as a measure of frustration response in semistarvation. *Journal of Consulting Psychology*, 1949, *13*, 293–301.

French, R. L. Changes in performance on the Rosenzweig Picture-Frustration Study following experimentally induced frustration. *Journal of Consulting Psychology*, 1950, *14*, 111–115.

Friedland, D. M. Group counseling as a factor in reducing runaway behavior from an open treatment institution for delinquent and pre-delinquent boys: the evaluation of changes in frustration tolerance, self-concept, attitude toward maternal figures, attitude toward other authority and in reality testing of runaway delinquent boys. *Dissertation Abstracts*, 1960, *21*, 237–238.

Fry, F. D. A study of reactions to frustration in 236 college students and in 207 inmates of state prisons. *Journal of Psychology*, 1949, *28*, 427–438.

Funkenstein, D. H., King, S. H., and Drolette, M. Intrapunitive and extrapunitive reactions to stress and their physiological concomitants. *Journal of Nervous and Mental Disease*, 1953, *118*, 267–268.

Funkenstein, D. H., King, S. H., and Drolette, M. *Mastery of stress.* Cambridge: Harvard University Press, 1957.

Gabriel, J., and Herd, J. Culturally expected responses and the Rosenzweig P-F Test, Children's Form. *Australian Journal of Psychology*, 1960, *12*, 178–188.

Gainotti, G., and Cianchetti, C. Strutture di personalita e meccanismi psicodinamici nelle cefalee. *Rivista di Neurobiologia*, 1967, *13*, 956–963.

Gatling, F. P. Frustration reactions of delinquents using Rosenzweig's classification system. *Journal of Abnormal and Social Psychology*, 1950, *45*, 749–752.

Getzels, J. W., and Guba, E. G. Role conflict and personality. *Journal of Personality*, 1955, *24*, 74–85.

Godin, A. Un test d'animisme protecteur: correlations et implications. In *Proceedings, XVIth International Congress of Psychology, Bonn, 1960.* Amsterdam: North-Holland Publishing Company, pp. 64–65. 1960.

Gold, L. Reaction of male adolescent addicts to frustration as compared to two adolescent non-addicted groups. *Dissertation Abstracts*, 1960, *20*, 4716.

Graine, G. N. Measures of conformity as found in the Rosenzweig P-F Study and Edwards Personal Preference Schedule. *Journal of Consulting Psychology,* 1957, *21,* 300.

Gross, R. D. B. A social situations test as a measure of adjustment mechanisms. *Dissertation Abstracts,* 1965, *28,* 2137B.

Grousset, C., Picard, P., Pasquet, P., and Quero, R. Le P.F.T. et le questionnaire Cornell Index en pratique psychiatrique. *Comptes rendus du 54 Congrès des médecins aliénistes et neurologistes de France et des pays de langue française. Bordeaux, 1956.* Paris: Masson, 1958. pp. 285–293.

Grygier, T. *Oppression.* London: Kegan Paul, 1954. (The P-F study is dealt with at length in this volume; see especially Chapters III, V, VI and VIII.)

Guion, R. M., and Gottier, R. F. Validity of personality measures in personnel selection. *Personnel Psychology,* 1965, *18,* 135–164.

Guyotat, J., and Guillaumin, J. Un aspect de l'adaptation du malade à la situation morbide: L'étude des réactions d'un groupe de chirurgicaux au Test de Frustration de Rosenzweig. *Revue de Psychologie Appliquée,* 1960, *10,* 39–58.

Habets, J. J. G. M. Enige bevindingen over de Rosenzweig "Picture-Frustration Study" voor Kinderen [Some experiences with the Rosenzweig Picture-Frustration Study for Children]. *Netherlands Tijdschrift voor de Psychologie en Grensgebieden,* 1958, *13,* 205–228.

Hanin, Y. L. P-F research in sports and athletics. Leningrad Research Institute of Physical Culture, 1976. Personal communication, September 3, 1976.

Hanvik, L. J. Some comparisons and correlations between MMPI and Rosenzweig P-F Study scores in a neuropsychiatric hospital sample. *Journal of Colorado-Wyoming Academy of Science,* 1950, *4,* 70. (Abstract)

Hardesty, F. P. Discussion of Dr. Rosenzweig's paper. (See Rosenzweig [1970] on the Adolescent Form of the P-F Study.) In J. Zubin and A. Freedman (Eds.), *Psychopathology of Adolescence.* New York: Grune & Stratton, 1970, pp. 103–107.

Harrigan, J. E., Dole, A. A., and Vinacke, W. E. A study of indignation-bigotry and extrapunitiveness in Hawaii. *Journal of Social Psychology,* 1961, *55,* 105–112.

Harris, F. J. Can personality tests identify accident-prone employees? *Personnel Psychology,* 1950, *3,* 455–459. (See page 458.)

Harris, M. W. Protective mechanisms utilized in reaction to ego-threatening situations, as evidenced by performance on a level-of-aspiration problem. *Dissertation Abstracts,* 1955, *15,* 1116.

Hart, I. *Factors relating to reconviction among young Dublin probationers* (Paper No. 76). Dublin: The Economic and Social Research Institute, 1974.

Harth, R. Changing attitudes toward school, classroom behavior, and reaction to frustration of emotionally disturbed children through role playing. *Exceptional Children,* 1966, *33,* 119–120.

Harvey, O. J. Personality factors in resolution of conceptual incongruities. *Sociometry,* 1962, *25,* 336–352.

Hashimoto, S. I. Observation of "Pupil T." with a socialization problem. II. The application of the P-F to the delinquent child and for guidance of parents. III. The characteristics of children in the Basket-ball Club as measured by the P-F Study. *Psychological Test Bulletin* (Kyoto City, Japan: Sankyobo) 1961, *1,* 25–33.

Haward, L. R. C. Differential modifications of verbal aggression by psychotropic drugs. In S. Garattini and E. B. Sigg (Eds.), *Aggressive behavior.* Amsterdam: Excerpta Medica Foundation, 1969, pp. 317–321.

Hayashi, K. Rosenzweig's P-F Study. *Psychological Test Bulletin* (Kyoto City, Japan: Sankyobo) 1961, *1,* 7–18.

Hayashi, K., and Ichitani, T. Factorial, experimental and clinical study of human personality especially in terms of the Rosenzweig P-F Study and his personality theory: the factorial structure in young delinquent group and the clinical relationships of factorial types to psychopathic personality. *Bulletin of the Kyoto Gakugei University,* 1964, Ser. A., No. 25, 61–70.

Hayashi, K., and Ichitani, T. Factorial patterns of the Rosenzweig P-F Study. *Psychologia,* 1970, *13,* 181–191.

Hayashi, K., and Sumita, K. The Rosenzweig P-F Study, Children's Form. Kyoto City: Sankyobo, 1956. (Manual for the Japanese version of the Rosenzweig P-F Study, Children's Form)

Hayashi, K., and Sumita, K. The Rosenzweig P-F Study, Adult Form. Kyoto

City: Sankyobo, 1957. (Manual for the Japanese version of the Rosenzweig P-F Study, Adult Form)

Hayashi, K., Sumita, K., and Ichitani, T. A factorial study of the Rosenzweig Picture-Frustration Study. *Japanese Psychological Research*, 1959, No. 8, 20–26.

Hayes, M. L. Personality and cultural factors in intergroup attitudes: I and II. *Journal of Educational Research*, 1949, *43*, 122–128, 197–204.

Hecker, B. Frustration tolerance, aggression and intervention methods for a population of non-institutionalized offenders. *Dissertation Abstracts*, 1972, *33*, 2104A.

Hedberg, R. The Rosenzweig Picture-Frustration Study in relation to life insurance salesmen. *American Psychologist*, 1957, *12*, 408. (Abstract)

Heiss, H. W. Unfallverhütung als Aufgabe der präventiven Medizin: Ergebnis einer Untersuchung psychogener Unfallbedingungen. *Psychotherapy & Psychosomatics*, 1967, *15*, 28–29. (Abstract) (Paper presented at the 7th International Congress of Psychotherapy, Wiesbaden, 1967.)

Helfant, K. Parents' attitudes vs. adolescent hostility in the determination of adolescent sociopolitical attitudes. *Psychological Monographs*, 1952, *66* (Whole No. 345).

Heller, S. M. An experimental study of frustration in pre-school children. Unpublished master's thesis, Clark University (Worcester, Mass.) 1939.

Herbert, M. Personality factors and bronchial asthma: a study of South African Indian children. *Journal of Psychosomatic Research*, 1965, *8*, 353–364.

Herbert, N., and Turnbull, G. H. Personality factors and effective progress in teaching. *Education Review*, 1963, *16*, 24–31.

Herbst, P. G. Family living—patterns of interaction. In O. A. Oeser and S. B. Hammond (Eds)., *Social structure and personality in a city*. Studies of social behavior, Vol. 1. New York: Macmillan, 1954. See page 178.

Hiltmann, H. Wortassoziation und verbale Ergänzungsverfahren. In R. Heiss (Ed.). *Handbuch der Psychologie*, Band 6. Göttingen: Hogrefe, 1964.

Hiltmann, H. El experimento de asociacion, el diagnostico del hecho y los test de asociacion. III. El Picture-Frustration-Test de Rosenzweig. *Psicologia Industrial* (Avellaneda Argentina), 1965, *5*, 35–46.

Himmelweit, H., and Petrie, A. The measurement of personality in children: an experimental investigation of neuroticism. *British Journal of Educational Psychology*, 1951, *21*, 9–29.

Hines, M. P. The relationship of achievement level to certain personality factors among high school seniors. *Dissertation Abstracts*, 1963, *24*, 5193.

Hines, T. F. A multitrait-multimethod analysis of the internal-external control concept. *Dissertation Abstracts*, 1972, *32*, 5442B.

Holzberg, J. D., Cahen, E. R., and Wilk, E. K. Suicide: a psychological study of self-destruction. *Journal of Projective Techniques*, 1951, *15*, 339–354.

Holzberg, J. D., and Hahn, F. The Picture-Frustration technique as a measure of hostility and guilt reactions in adolescent psychopaths. *American Journal of Orthopsychiatry*, 1952, *22*, 776–795.

Holzberg, J. D., and Posner, R. The relationship of extrapunitiveness on the Rosenzweig Picture-Frustration Study to aggression in overt behavior and fantasy. *American Journal of Orthopsychiatry*, 1951, *21*, 767–779.

Hörmann, H., and Moog, W. *Der Rosenzweig P-F Test. Form für Erwachsene.* Göttingen: Verlag für Psychologie, 1957. (Manual for the German version of the Rosenzweig P-F Study, Adult Form)

Husman, B. F. Aggression in boxers and wrestlers as measured by projective techniques. *Research Quarterly* (American Association for Health, Physical Education and Recreation), 1955, *26*, 421–425.

Hwang, C.-H. Reaction of Chinese university students to Rosenzweig's Picture-frustration Study. *Psychology and Education* (Taiwan), 1968, *2*, 37–48.

Hwang, C.-H. Parent-child resemblance in psychological characteristics. *Psychology and Education* (Taiwan), 1969, *3*, 29–36.

Hybl, A. R., and Stagner, R. Frustration tolerance in relation to diagnosis and therapy. *Journal of Consulting Psychology*, 1952, *16*, 163–170.

Iacono, G. Il reattivo di Rosenzweig nello studio dei soggetti ai limiti tra psicastenia e schizofrenia. Contributi del Laboratorio di Psicologia. *Pubblicazioni dell' Universita Cattolica del S. Cuore* (Milan), 1955, *49*, Nuova Serie, 119–126.

Iannaccaro, E. Studio dei modi di reazione alla frustrazione in funzione di certe variabili familiari in un gruppo di adolescenti. *Contributi dell' Istituto di Psicologia,* 1962, *25,* 374–387.

Ichitani, T. Factorial, experimental and clinical study of human personality especially in terms of the Rosenzweig P-F Study and his personality theory: the developmental tendencies and sex difference on factorial structure between normal boys and girls. *Bulletin of the Kyoto Gakugei University,* 1964, Ser. A., No. 25, 45–60.

Ichitani, T. Factorial, experimental and clinical study of ... Rosenzweig P-F: a differential study of within-group behaviors in playing volleyball game between the obsessive and paranoid groups as constructed in accordance with the factor scores derived from factor analysis of the P-F Study. *Bulletin of the Kyoto Gakugei University,* 1965, Ser. A., No. 26, 29–44. (a)

Ichitani, T. Factorial, experimental and clinical study of ... Rosenzweig P-F: a differential study of within-group behaviors in playing competitive games among the groups as constructed in accordance with the factor scores derived from factor analysis of the P-F Study. *Bulletin of the Kyoto Gakugei University,* 1965, Ser. A, No. 26, 45–62. (b)

Ichitani, T. Factorial, experimental and clinical study of ... Rosenzweig P-F: the factorial structure of neurotic patients. *Bulletin of the Kyoto Gakugei University,* 1965, Ser. A, No. 27, 35–46. (c)

Ichitani, T. Factorial, experimental and clinical study of ... Rosenzweig P-F: a study on the relationship between factorial types and M.P.I. *Bulletin of the Kyoto Gakugei University,* 1966, Ser. A., No. 28, 1–10. (a)

Ichitani, T. Factorial, experimental and clinical study of ... Rosenzweig P-F: an experimental study of relationships between factorial personality types and IR (reactive inhibition). *Bulletin of the Kyoto Gakugei University,* 1966, Ser. A, No. 29, 125–137. (b)

Ichitani, T., and Hayashi, K. *Basic research in projective methods focused on the Rosenzweig P-F Study.* Tokyo: Kazama Book Co., 1976. (In Japanese)

Ichitani, T., and Maegawa, Y. Responses of mentally retarded children to the Rosenzweig P-F Study and a factor analysis of them. *Bulletin of the Kyoto Gakugei University,* 1968, Ser. A, No. 32, 77–99.

Ichitani, T., and Takeda, M. Factorial, experimental and clinical study of ... Rosenzweig P-F: an experimental study of relationships between factorial personality types and I.T.P. (interruption task paradigm). *Bulletin of the Kyoto Gakugei University,* 1966, Ser. A, No. 29, 101-124.

Ichitani, T., and Takeda, M. A factor analytic study on criterion scores of interrupted task paradigm (I.T.P.). *Bulletin of the Kyoto Gakugei University,* 1967, Ser. A, No. 30, 35-45.

Ichitani, T., and Uemura, M. Factorial, experimental and clinical study of ... Rosenzweig P-F: The factorial structure of senior high school students. *Bulletin of the Kyoto Gakugei University,* 1965, Ser. A, No. 27, 23-33.

Jackson, P. Frustration tolerance in social situations as a factor in successful retail salesmanship. *Microfilm Abstracts,* 1950, *10,* 225.

Jenkin, N. Some relationships between projective test behavior and perception. *Journal of Clinical Psychology,* 1955, *11,* 278-281.

Jervis, F. M., and Haslerud, G. H. Quantitative and qualitative difference in frustration between blind and sighted adolescents. *Journal of Psychology,* 1950, *29,* 67-76.

Johannsen, D. E., and Bennett, E. M. The personality of diabetic children. *Journal of Genetic Psychology,* 1955, *87,* 175-185.

Jones, H. Approved schools and attitude change. *British Journal of Criminology,* 1973, *13,* 148-156.

Jores, A., and von Kerékjărtó, M. *Der Asthmatiker: Äitologie und Therapie des Asthmas bronchiale in psychologischer Sicht.* Bern: Hans Huber, 1967. (See pp. 150f.)

Junken, E. M. A comparison of the reactions of frustration of children academically advanced with those of children academically retarded. *Dissertation Abstracts,* 1953, *13,* 583.

Kahn, H. A comparative investigation of the response to frustration of normal-hearing and hypacousic children. *Microfilm Abstracts,* 1951, *11,* 959-960.

Kamiya, M. Psychiatric studies on leprosy. *Folia Psychiatrica et Neurologica Japonica,* 1959, *13,* 143-173.

Karlin, L., and Schwartz, M. M. Social and general intelligence and performance on the Rosenzweig Picture-Frustration Study. *Journal of Consulting Psychology,* 1953, *17,* 293-296.

引用文献

Karson, S., and Markenson, D. J. Some relations between parental personality factors and childhood symptomatology. *Journal of Personality Assessment*, 1973, *37*, 249-254.

Kaswan, J., Wasman, M., and Freedman, L. Z. Aggression and the Picture-Frustration Study. *Journal of Consulting Psychology*, 1960, *24*, 446-452.

Kates, S. L. Suggestibility, submission to parents and peers, and extrapunitiveness, intropunitiveness, and impunitiveness in children. *Journal of Psychology*, 1951, *31*, 233-241.

Kates, S. L. Subjects' evaluations of annoying situations after being described as well adjusted and poorly adjusted. *Journal of Consulting Psychology*, 1952, *10*, 429-434.

Kinslinger, H. J. Application of projective techniques in personnel psychology since 1940. *Psychological Bulletin*, 1966, *66*, 134-149.

Kirschner, R., McCary, J. L., and Moore, C. W. A comparison of differences among several religious groups of children on various measures of the Rosenzweig Picture-Frustration Study. *Journal of Clinical Psychology*, 1962, *18*, 352-353.

Klippstein, E. Eine Analyse der Rosenzweig P-F Test-Situationen (Form für Kinder). *Zeitschrift für Experimentelle und Angewandte Psychologie*, 1972, *19*, 444-459.

Knoblach, D. Psychogene Aspekte beim Asthma bronchiale. *Zeitschrift für Klinische Psychologie und Psychotherapie*, 1971, *19*, 163-177.

Kojima, H. Oyako kankei to yoji no shakaika [Parent-child relationship and socialization of preschool children]. *Japanese Journal of Educational Psychology*, 1960, *7*, 200-209.

Koninckx, N., and Dongier, S. Tentative d'objectivation par les tests de Rosenzweig et PNP de la composante névrotique chez 28 asthmatiques. *Acta Psychiatrica Belgica*, 1970, *70*, 610-622.

Korkes, L., and Lewis, N. D. An analysis of the relationship between psychological patterns and outcome in pulmonary tuberculosis. *Journal of Nervous and Mental Disease*, 1955, *122*, 524-563.

Koski, M.-L. The coping processes in childhood diabetes. *Acta Paediatrica Scandinavica*, Supplement (Stockholm), 1969, *198*, 1-56.

Krall, V. Personality characteristics of accident repeating children. *Journal of Abnormal and Social Psychology*, 1953, *48*, 99–107.

Kramer, C. La conformité au groupe, facteur d'adaptation sociale. *Proceedings, XIIIth Congress of Applied Psychology*, Rome, 1958, 622–623. (a)

Kramer, C. Expérimentation du Test de Frustration de Rosenzweig: travaux recents. *Revue de Psychologie Appliquée*, 1958, *8*, 153–158. (b)

Kramer, C. Carences, privations et frustration. *Enfance* (Paris), 1959, *12*, 187–190. (a)

Kramer, C. *La frustration: une étude de psychologie différentielle* (Préface par S. Rosenzweig). Neuchatel, Switzerland: Delachaux et Niestlé, 1959. (b)

Kramer, C. Les qualities metrologigues du test du Frustration de Rosenzweig. *Bulletin du Centre d'Études et Recherches Psychotechniques*, 1959, *8*, 165–167. (c)

Kramer, C. Tables des tendances et des poucentages pour le P-F test. Paris: Les Éditions du Centre de Psychologie Appliquée, 1959. (d)

Kramer, C. Le test de frustration de Rosenzweig. Expérimentation d'une épreuve projective. *Bulletin de l'Institut National d'Étude du Travail et d'Orientation Professionnelle*, 1959, 2 Série, 15 Année, 85–93. (e)

Kramer, C. Technica projectiva en clinicas psiquiatricas y en psicoterapia: P-F Test de Rosenzweig. *Revista de Psiquiatria y Psicologia Medica*, 1960, *6*, 479–480.

Kramer, C. Le Test de Rosenzweig et les réactions à la frustration. *Bulletin de Psychologie*, 1963, *17*, 338–347.

Kramer, C. Applications du Test P-F. *Revue de Psychologie Appliquée*, 1965, *15*, 70–85.

Kramer, C, and Le Gat, A. *Manuel du Test de Frustration de Rosenzweig, Forme pour Adolescents.* Paris: Les Editions du Centre de Psychologie Appliquée, 1970. (Manual for the French version of the Rosenzweig P-F Study, Adolescent Form)

Krieger, L., and Schwartz, M. M. The relationship between sociometric measures of popularity among children and their reactions to frustration. *Journal of Social Psychology*, 1965, *66*, 291–296.

Kuethe, J. L. Prejudice and aggression: a study of specific social schemata. *Perceptual and Motor Skills*, 1964, *18*, 107–115.

Kupferman, S. C., and Ulmer, R. A. An experimental total-push program for emotionally disturbed adolescents. *Personnel and Guidance Journal*, 1964, *42*, 894–898.

Landisberg, S. A personality study of institutionalized epileptics. *American Journal of Mental Deficiency*, 1947, *52*, 16–22.

Lange, Patricia. Frustration reactions of physically handicapped children. *Exceptional Children*, 1959, *25*, 355–357.

Lebbolo, F. Esame comparativo di 50 donne nubili e di 50 donne sposate col "P.F. Test" di S. Rosenzweig. Contributi del Laboratoria di Psicologia. *Pubblicanzioni dell'Universita Cattolica del S. Cuore* (Milan), 1952, *41*, Nuova Serie, 261–280.

Lebbolo, F. Contributo allo studio del "P.F. Study—Children's Form" di Saul Rosenzweig. Contributi del Laboratorio di Psicologia. *Pubblicanzioni dell' Universita Cattolica del S. Cuore* (Milan), 1955, *49*, Nuova Serie, 300–402.

Leblanc, M. Adaptation africaine et comparaison interculturelle d'une épreuve projective: Test de Rosenzweig. *Revue de Psychologie Appliquée*, 1956, *6*, 91–109.

Lehner, G. F. J., and Kube, E. *The dynamics of personal adjustment.* New York: Prentice-Hall, 1955. See pp. 95–109.

Leonardi, A. M. Differences in a generalized expectancy for internal-external locus of control and direction and type of reaction to frustration. *Dissertation Abstracts*, 1973, *33*, 6092A.

Lerner, E., and Murphy, L. B. Methods of the study of personality in young children: blocking technique Number 1. *Monographs of the Society for Research in Child Development*, 1941, *6*, Serial No. 30, 164–186.

Lesser, G. S. Extrapunitiveness and ethnic attitude. *Journal of Abnormal and Social Psychology*, 1958, *56*, 281–282.

Lesser, G. S. Population differences in construct validity. *Journal of Consulting Psychology*, 1959, *23*, 60–65.

Lester, D. Attempts to predict suicidal risk using psychological tests. *Psychological Bulletin,* 1970, *74,* 1-17.

Levenson, M., and Neuringer, C. Intropunitiveness in suicidal adolescents. *Journal of Projective Techniques and Personality Assessment,* 1970, *34,* 409-411.

Levine, B. P. Aversive conditioning and type and direction of aggression as factors influencing bruxing: a paradoxical effect. *Dissertation Abstracts,* 1976, *36,* 5762-5763.

Levinson, B. M. Subcultural studies of homeless men. *Transactions of the New York Academy of Sciences,* 1966, *29,* 165-182.

Levitt, E., and Lyle, W. H., Jr. Evidence for the validity of the Children's Form of the Picture-Frustration Study. *Journal of Consulting Psychology,* 1955, *19,* 381-386.

Lewinsohn, P. Personality correlates of duodenal ulcer and other psychosomatic reactions. *Journal of Clinical Psychology,* 1956, *12,* 296-298.

Liakos, A., Markidis, M., Kokkevi, A., and Stefanis, C. The relation of anxiety to hostility and frustration in neurotic patients. In C. D. Spielberger and I. G. Sarason (Eds.), *Stress and anxiety: IV.* Washington, D.C.: Hemisphere, 1977. pp. 291-301.

Lieberman, M. Projective responses of retarded and adequate readers to frustrating academic *vs.* nonacademic situations. *Dissertation Abstracts,* 1969, *29,* 3004A.

Lindzey, G. An experimental examination of the scapegoat theory of prejudice. *Journal of Abnormal and Social Psychology,* 1950, *45,* 296-309. (a)

Lindzey, G. An experimental test of the validity of the Rosenzweig Picture-Frustration Study. *Journal of Personality,* 1950, *18,* 315-320. (b)

Lindzey, G. On the classification of projective techniques. *Psychological Bulletin,* 1959, *56,* 158-168.

Lindzey, G., and Goldwyn, R. M. Validity of the Rosenzweig Picture-Frustration Study. *Journal of Personality,* 1954, *22,* 519-547.

Lindzey, G., and Riecken, H. W. Inducing frustration in adult subjects. *Journal of Consulting Psychology,* 1951, *15,* 18-23.

引用文献

Lindzey, G., and Tejessy, C. Thematic Apperception Test: indices of aggression in relation to measures of overt and covert behavior. *American Journal of Orthopsychiatry*, 1956, *26*, 567–576.

Lipman, R. S. Some test correlates of behavioral aggression in institutionalized retardates with particular reference to the Rosenzweig Picture-Frustration Study. *American Journal of Mental Deficiency*, 1959, *63*, 1038–1045.

Lockwood, J. L. The effects of fantasy behavior, level of fantasy predisposition, and anxiety on direction of aggression in young children. *Dissertation Abstracts*, 1975, *36*, 1442B.

Lord, J. P. Psychological correlates of nocturnal enuresis in male children. Unpublished Ph.D. thesis, Harvard University, 1952. Summarized in Rosenzweig, 1960, p. 170.

Lorioz, A. Test de Rosenzweig et statut sociométrique. *Revue de Psychologie Appliquee*, 1965, *15*, 25–31.

Loveland, N. T., and Singer, M. T. Projective test assessment of the effects of sleep deprivation. *Journal of Projective Techniques*, 1959, *23*, 323–334.

Lowinger, L. The psychodynamics of stuttering: an evaluation of the factors of aggression and guilt feelings in a group of institutionalized children. *Dissertation Abstracts*, 1952, *12*, 725.

Ludwig, D. J. Levels of behavior in reaction to frustration as related to the self-concept, with special reference to the Rosenzweig F-Battery. *Dissertation Abstracts*, 1967, *27*, 4578B.

Ludwig, D. J. Evidence of construct and criterion-related validity for the self-concept. *Journal of Social Psychology*, 1970, *80*, 213–223.

Ludwig, D. J. Toward development of a projective set. *Journal of Personality Assessment*, 1972, *36*, 567–572.

Lynch, D. J., and Arndt, C. Developmental changes in response to frustration among physically handicapped children. *Journal of Personality Assessment*, 1973, *37*, 130–135.

Lyon, W., and Vinacke, W. E. Picture-Frustration Study responses of institutionalized and non-institutionalized boys in Hawaii. *Journal of Social Psychology*, 1955, *41*, 71–83.

MacArthur, R. S. An experimental investigation of persistence in secondary school boys. *Canadian Journal of Psychology*, 1955, *9*, 42–54.

McCary, J. L. Ethnic and cultural reactions to frustration. *Journal of Personality*, 1950, *18*, 321–326.

McCary, J. L. Picture-Frustration Study normative data for some cultural and racial groups. *Journal of Clinical Psychology*, 1956, *12*, 194–195.

McCary, J. L., and Tracktir, J. Relationship between intelligence and frustration-aggression patterns as shown by two racial groups. *Journal of Clinical Psychology*, 1957; *13*, 202–204.

McDonough, L. B. Inhibited aggression in essential hypertension. *Journal of Clinical Psychology*, 1964, *20*, 447.

McGlothlin, W. H., Cohen, S., and McGlothlin, M. S. Short-term effects of LSD on anxiety, attitudes, and performance. *Journal of Nervous and Mental Disease*, 1964, *139*, 266–273.

McGuire, F. L. Rosenzweig Picture-Frustration Study for selecting safe drivers. *U.S. Armed Forces Medical Journal*, 1956, *7*, 200–207.

McKinley, D. P. A study of certain relationships of maternal personality and child-rearing attitudes to children's reading performances. *Dissertation Abstracts*, 1958, *19*, 3216.

McKinney, F., Strother, G. B., Hines, R. R., and Allee, H. A. Experimental frustration in a group test situation. *Journal of Abnormal and Social Psychology*, 1951, *46*, 316–323.

McQueen, R., and Pearson, W. O. Stimulus-word changes in picture-frustration situations. *Perceptual and Motor Skills*, 1959, *9*, 407–410.

Madison, L., and Norman, R. D. A comparison of the performance of stutterers and non-stutterers on the Rosenzweig Picture-Frustration test. *Journal of Clinical Psychology*, 1952, *8*, 179–183.

Magistretti, F. Studio su alcuni aspetti della frustrazione sociale. Contributi del Laboratorio di Psicologia. Serie Decimasesta. *Pubblicazioni dell' Universita Cattolica del Sacro Cuore* (Milan), 1952, *41*, Nuova Serie, 230–260.

Mandell, M. M. How to gage executive potential. *Dun's Review*, 1957, *69*, 43–45, 95–107. See page 45.

Maruyama, Y. The sense of competence in middle adolescent boys. *Dissertation Abstracts*, 1969, *30*, 2405-2406.

Masciocchi, A., and Monteverdi, T. Considerazioni sulla memoria in rapporto alla frustrazione mediante il P.F.T. di Rosenzweig. *Archivio di Psicologia, Neurologia e Psichiatria*, 1958, *19*, 27-39.

Maskit, M. L. Management of aggression in preadolescent girls: its effect on certain aspects of ego functioning. *Dissertation Abstracts*, 1961, *22*, 917.

Masson, H. The leader in children's groups: a study of the personalities of young boys living in school: II. *Bulletin de Psychologie Scolaire et d'Orientation*, 1973, *22*, 102-147.

Mastruzzo, A. Risultati ottenuti con l'applicazione del P.F.S. di Rosenzweig in venti pugili dilettanti. *Medical Journal Abstracts*, 1964, *14*, 335-350.

Matton, D. *Le Test de Rosenzweig chez l'enfant anormal. Frustration et troubles caracteriels.* Lille, France. Impr. F. Planquart, 1961.

Mausner, B. Situational effects on a projective test. *Journal of Applied Psychology*, 1961,. *45*, 186-192.

Megargee, E. A comparison of the scores of White and Negro male juvenile delinquents on three projective tests. *Journal of Projective Techniques and Personality Assessment*, 1966, *30*, 530-535. (a)

Megargee, E. Undercontrolled and overcontrolled personality types in extreme antisocial aggression. *Psychological Monographs*, 1966, *80*, 1-29. (b)

Mehlman, B., and Whiteman, S. L. The relationship between certain pictures of the Rosenzweig Picture-Frustration Study and corresponding behavioral situations. *Journal of Clinical Psychology*, 1955, *11*, 15-19.

Mensh, I. N., and Mason, E. P. Relationship of school atmosphere to reactions in frustrating situations. *Journal of Educational Research*, 1951, *45*, 275-286.

Mercer, M., and Kyriazis, C. Results of the Rosenzweig Picture-Frustration Study for physically assaultive prisoner mental patients. *Journal of Consulting Psychology*, 1962, *26*, 490.

Meyer, A.-E., Golle, R., and Weitemeyer, W. Duration of illness and elevation of neuroticism scores. *Journal of Psychosomatic Research*, 1968, *11*, 347-355.

Meyer, A.-E., and Schöfer, G. On the construct validity of Rosenzweig's Picture-Frustration Test (PFT). *Proceedings of the XXth International Congress of Psychology, 1972.* Tokyo: Science Council of Japan and University of Tokyo Press, 1974, p. 401.

Meyer, A.-E., and Weitemeyer, W. Zur Frage der Krankheits-Dependenz des (Phantasierten) Aggressionsverhaltens. *Psyche,* 1967, *21,* 266–282.

Mikawa, J. K., and Boston, J. A. Psychological characteristics of adopted children. *Psychiatric Quarterly Supplement,* 1968, *42,* 274–281.

Mills, D. H. The research use of projective techniques: a seventeen year study. *Journal of Projective Techniques and Personality Assessment,* 1965, *29,* 513–515.

Minski, L., and Desai, M. M. Aspects of personality in peptic ulcer patients; a comparison with hysterics. *British Journal of Medical Psychology,* 1955, *28,* 113–134.

Mintz, M. M. An investigation of the relationship between test anxiety and dependency needs in children. *Dissertation Abstracts,* 1968, *29,* 2206B.

Mirmow, E. L. The method of successive clinical predictions in the validation of projective techniques with special reference to the Rosenzweig Picture-Frustration Study. Unpublished doctoral dissertation, Washington University, (St. Louis), 1952. Summarized in Rosenzweig, 1960, pp. 168–170. (a)

Mirmow, E. L. The Rosenzweig Picture-Frustration Study. In D. Brower and L. E. Abt (Eds.), *Progress in clinical psychology* (Vol. 1). New York: Grune & Stratton, 1952. See Section 1, pp. 209–221. (b)

Misa, K. F. Cognitive, personality, and familial correlates of children's occupational preferences. *Dissertation Abstracts,* 1967, *28,* 1170B.

Misiti, R., and Ponzo, E. Le reazioni alla frustrazione in èta prepuberale nella rappresentazione dell'adulto. *Rivista di Psicologia,* 1958, *52,* 303–309.

Mitchell, K. M. The Rosenzweig Picture-Frustration Study as a measure of reaction to personal evaluation. *Journal of Projective Techniques and Personality Assessment,* 1967, *31,* 65–68.

Miyawaki, J. Hekichi jido no personality no kenkyu: P.F.T. no kekka o chushin to shite [The study of personality traits of rural pupils: primarily based upon the Picture-Frustration Study]. *Japanese Journal of Educational Psychology,* 1958, *6,* 77–84, 132.

引用文献

Monosoff, H. The comparative effects of rewarding, punishing and counterconditioning verbal aggressive behavior. *Dissertation Abstracts*, 1964, *24*, 3423.

Moore, M. E., and Schwartz, M. M. The effect of the sex of the frustrated figure on responses to the Rosenzweig P-F Study. *Journal of Projective Techniques*, 1963, *27*, 195–199.

Mordkoff, A. M., and Golas, R. M. Coronary artery disease and response to the Rosenzweig Picture-Frustration Study. *Journal of Abnormal Psychology*, 1968, *73*, 381–386.

Moss, C. S., Jensen, R. E., Morrow, W., and Freund, H. G. Specific behavioral changes produced by chlorpromazine in chronic schizophrenia. *American Journal of Psychiatry*, 1958, *115*, 449–451.

Mouren, P., Dongier, S., and Dongier, D. Evolution des donées du test de Rosenzweig au cours d'une psychothérapie. In *Rapport du congrès des médecins aliénistes et neurologistes de France et des pays de langue française. Bordeaux, 1956*. Paris: Masson, 1957, pp. 318–324.

Mukerji, K., and Debabrata, B. Relationship between the direction of aggression and self-perceived problem-variables among a group of offenders. *Indian Journal of Psychology*, 1968, *43*, 37–40.

Murphy, A. T., Jr. An electroencephalographic study of frustration in stutterers. *Speech Monographs*, 1953, *20*, 148.

Murphy, M. M. Social class differences in frustration patterns of alcoholics. *Quarterly Journal of Studies on Alcohol*, 1956, *17*, 255–262 .

Musgrove, W. J. A study of type of reaction to frustration and direction of aggression in one parent families and in two parent families. *Dissertation Abstracts*, 1965, *26*, 6516.

Myklebust, H. R. The psychosocial adjustment of children with dyslexia. *Dissertation Abstracts*, 1969, *29*, 3456A.

Nathan, P. E. Conceptual ability and indices of frustration tolerance on the Rosenzweig Picture-Frustration Study. *Journal of Projective Techniques*, 1963, *27*, 200–207.

Nava, J., and Cunha, S. Ezequiel da. Agressividade e condução de veiculos: avaliação por meio de teste de aplicacao coletiva (P-F de Rosenzweig), comparado a um teste individual (P.M.K. de Mira). In J. Nava et al, *Aspec-*

*tos da personalidade em seleção de condutores de veiculos.* Belo Horizonte, Brazil: Editora Itatiaia, 1957, pp. 73–91. (a)

Nava, J., and Cunha, S. Ezequiel da. Aplicação economica do P-F de Rosenzweig em grupos. In J. Nava et al. *Aspectos da personalidade em seleção de condutores de veiculos.* Belo Horizonte, Brazil: Editora Itatiaia, 1957, pp. 45–71. (b)

Němec, J. The motivation background of hyperkinetic dysphonia in children: a contribution to psychologic research in phoniatry. *Logos,* 1961, *4,* 28–31.

Németh, Livia. Külöleges-reakciók és választások értelmezése a frusztrációs próbában (PFT) [Interpretation of specific reactions and choices in the Picture-Frustration Test (PFT).]. *Magyar Pszichologiai Szemle,* 1968, *25,* 553–563.

Nencini, R. Contributo alla validazione fattoriale di interpretazioni psicodiagnostiche. *Contributi dell'Istituto Nazionale Psicologia del Consiglio Nationale Ricerche, Rome,* 1956–1958. *Bollettino di Psicologia Applicata,* 1962, No. 53–54, 3–38.

Nencini, R. Valore delle tecniche proiettive per la comprensione dei dinamismi inconsci e dei loro effetti a livello di comportamento. *Medicina Psicosomatica,* 1959, *4,* 3–19.

Nencini, R. Nuova taratura del P.F.S. di Rosenzweig. *Bollettino di Psicologia Applicata,* 1965, No. 71–72, 3–22.

Nencini, R., and Banissoni, P. Contributo alla taratura italiana del P.F. Test di Rosenzweig. *Archivio di Psicologia, Neurologia e Psichiatria,* 1954, *15,* 313–332.

Nencini, R., Banissoni, P., and Misiti, R. *Taratura italiana del Picture-Frustration Study secondo i criteri originali di S. Rosenzweig* (Supplemento al Manuale). Florence: Organizzazioni Speciali, 1958. (Supplement to the Manual of the Italian version of the Rosenzweig P-F Study, Adult Form)

Nencini, R., and Belcecchi, M. V. *Guida alla forma per adulti del P.F.S. di Rosenzweig.* Florence: Organizzazioni Speciali, 1976. (Current Manual for the Italian version of the Rosenzweig P-F Study, Adult Form)

Nencini, R., and Casini Nencini, M. G. Contributo all'applicazione del P.F.T. di Rosenzweig in campo psichatrico. *Bollettino di Psicologia e Sociologia Applicate,* 1957, No. 19–20, 17–34.

引用文献

Nencini, R., and Misiti, R. Contributo all'identificazione di "tipi" psicologici sulla base delle reazioni alla frustrazione nel P.F.T. di Rosenzweig. *Bollettino di Psicologia e Sociologia Applicata,* 1956, No. 17–18, 48–74. (a)

Nencini, R., and Misiti, R. Contributo alla validazione del P.F.T. di Rosenzweig. *Rivista di Psicologia,* 1956, *50,* 37–75. (b)

Nencini, R., Misiti, R., and Banissoni, P. Possibilità diagnostiche del P.F. Test di Rosenzweig in psichiatria. *Il Lavoro Neuropsichiatrico,* 1954, *15,* 189–207.

Nencini, R., Reda, G. C., Schiavi, F., and Alliani, E. Il P.F. Test di Rosenzweig in tronta tentativi di suicidio. *Archivio di Psicologia, Neurologia e Psichiatria,* 1953, *14,* 289–306.

Nencini, R., and Riccio, D. Il P.F. Test di Rosenzweig nella psiconevrosi ossesivo-compulsiva. *Bollettino di Psicologia e Sociologia Applicate,* 1957, No. 21–24, 71–84.

Nencini, R., and Venier, N. Comportamento "stereotipato" e scelte "logiche" nelle reazioni alla frustrazioni. *Bollettino di Psicologia Applicata,* 1966, No. 77–78, 3–19. (a)

Nencini, R., and Venier, N. Influenza delle caratteristiche dello stimolo sulle reazioni alla frustrazione. *Bollettino di Psicologia Applicata,* 1966, No. 73–76, 45–55. (b)

Nick, E. *Teste de Frustração. Manual, Forma para Adultos.* Rio de Janeiro: Centro Editor de Psicologia Aplicada, 1970. (Manual for the Portuguese version of the Rosenzweig P-F Study, Adult Form)

Nisenson, R. A. Aggressive reactions to frustration in relation to the individual level of extrapunitiveness. *Journal of Personality Assessment,* 1972, *36,* 50–54.

Norman, R. D., and Kleinfeld, G. R. Rosenzweig Picture-Frustration Study results with minority group juvenile delinquents. *Journal of Genetic Psychology,* 1958, *92,* 61–67.

O'Connell, W. E. Creativity in humor. *Journal of Social Psychology,* 1969, *78,* 237–241.

Oeser, O. A., and Emery, F. E. The emergent personality. Chapter XIII In O. A. Oeser and F. E. Emery (Eds.), *Social structure and personality in a rural community.* Studies of social behavior, New York: Macmillan, 1954, pp. 201-203, 242.

Osis, K., and Fahler, J. Space and time variables in ESP. *Journal of the American Society for Psychical Research,* 1965, *59,* 130-145.

Otsu, K. The misrecognition of situations in the Picture-Frustration Study for Children. *Psychological Test Bulletin* (Kyoto City, Japan: Sankyobo) 1961, *1,* 16-21.

Palmer, J. O. Some relationships between Rorschach's experience balance and Rosenzweig's frustration-aggression patterns. *Journal of Projective Techniques,* 1957, *21,* 137-141.

Pareek, U. Reliability of the Indian adaptation of the Rosenzweig P-F Study (Children's Form). *Journal of Psychological Researches* (Madras, India), 1958, *2,* 18-23. (a)

Pareek, U. Some preliminary data about the Indian adaptation of the Rosenzweig P-F Study (Children's Form). *Education and Psychology* (Delhi), 1958, *5,* 105-113. (b)

Pareek, U. Studying cultural differences in personality development with the help of the Rosenzweig P-F study. *Pratibha (Journal of the All-India Institute of Mental Health* Bangalore, India), 1958, *1,* 115-123. (c)

Pareek, U. Validity of the Indian adaptation of the Rosenzweig P-F Study (Children's Form), *Psychological Newsletter* (New York University), 1958, *10,* 28-40. (d)

Pareek, U. Rosenzweig Picture-Frustration Study—a review. *Psychological Newsletter* (New York University), 1959, *10,* 98-114. (a)

Pareek, U. Scoring samples of Indian children on the Rosenzweig P-F Study. *Naya Shikshak* (Bikaner, India), April, 1959. (b)

Pareek, U. *Children's reactions to frustration* (C.I.E. Publication No. 44). Delhi: Central Institute of Education, 1960. (a)

Pareek, U. Developmental patterns of Rosenzweig P-F Study variables in Indian children. *Manas* (Delhi), 1960, *7,* 19-35. (b)

Pareek, U. An investigation of the validity of the Indian adaptation of the Rosenzweig Picture-Frustration Study (Children's Form). *Indian Journal of Psychology,* 1960, *35,* 71-88. (c)

引用文献

Pareek, U. *Developmental patterns in reactions to frustration.* New York: Asia Publishing House, 1964.

Pareek, U., and Devi, R. S. Reliability of the Adult Form of the Indian adaptation of the Rosenzweig P-F Study. *Indian Journal of Psychology,* 1965, *40,* 67–71.

Pareek, U., Devi, R. S., and Rosenzweig, S. *Manual of the Indian adaptation of the Rosenzweig Picture-Frustration Study, Adult Form.* Varanasi, India: Rupa Psychological Corp., 1968.

Pareek, U., and Kumar, V. K. Establishing criteria for significance of trends for the adult form of the Rosenzweig P-F Study. *Research Bulletin of the Department of Psychology, Osmania University,* 1966, *2,* 29–35.

Pareek, U., and Rosenzweig, S. *Manual of the Indian adaptation of the Rosenzweig Picture-Frustration Study, Children's Form.* Delhi: Mānasāyan, 1959.

Parsons, E. T. Relationship between the Rosenzweig P-F Study and test duration, socioeconomic status, and religion. *Journal of Consulting Psychology,* 1955, *19,* 28.

Pasquet, P., Laboureur, P., and Caille, E. J. P. Résultate d'examen psychologique. Analyse concernant 100 malades d'un service ouvert de psychiatrie par le méthode des tests. *Annales Médico-Psychologiques,* 1955, *113,* 548–557.

Pavlovic, L. An attempt to use the Rosenzweig Picture-Frustration Study as a social intelligence test. *Resumés, XVᵉ Congress International de Psychologie Appliquée* (Ljubljana, August 1964). Belgrade, 1964.

Peizer, S. B. Effect of incarceration on the direction of aggressive behavior. *Journal of Correctional Psychology,* 1956, *1,* 1–2; 26–31.

Perczel, J., and Perczel, T. Description and measurement of personality traits by a projective technique and an auto-definition questionnaire with production engineering inspectors. *British Journal of Projective Psychology and Personality Study,* 1969, *14,* 27–29.

Petiziol, A., and Ricco, D. Il PFT di Rosenzweig in un gruppo di donne dedite alla prostituzione abituale. *Schweizerische Zeitschrift für Psychologie und ihre Anwendungen,* Beiheft Nr. 40, 1960, 176–180.

Petrauskas, F. B. A TAT and Picture-Frustration study of naval offenders and non-offenders. Ph.D. dissertation, Loyola University (Chicago), 1958. Summarized in Chapter 11 of *Story Sequence Analysis* by Magda Arnold. New York: Columbia University Press, 1962.

Pflanz, M., and von Uexkull;, T. Psychosomatische Untersuchungen an Hochdruckkranken. *Medizinische Klinik,* 1962, *57,* 345-351.

Picard, P., Grousset, C., and Pasquet, P. Le P.F. Test en pathologie mentale. *Rapport du congrès des médecine aliénistes et neurologistes de France et des pays de langue française. Bordeaux, 1956.* Paris: Masson, 1957, pp. 274-285.

Pichot, P. L'évolution de L'emploi et des, recherches sur les tests mentaux aux Etats-Unis. *Revue de Psychologie Appliquée,* 1954, *4,* 317-340.

Pichot, P. La validité des techniques projectives: problèmes généraux. *Revue de Psychologie Appliquée,* 1955, *5,* 235-244.

Pichot, P., and Cardinet, J. Les profils, les patterns et les tendances dans le Test de Frustration de Rosenzweig. Standardisation et etalonnage français. *Revue de Psychologie Appliquée,* 1955, *5,* 127-142.

Pichot, P., and Danjon, S. Le test de frustration de Rosenzweig. *Revue de Psychologie Appliquée,* 1951, *1,* 147-225. (Manual for the French version of the Rosenzweig P-F Study, Adult Form)

Pichot, P., and Danjon, S. La fidélite du Test de Frustration de Rosenzweig. *Revue de Psychologie Appliquée,* 1955, *5,* 1-11.

Pichot, P., and Danjon, S., Manuel du test de frustration de Rosenzweig. Paris: Centre de Psychologie Appliquée, 1956. (New and enlarged edition of the Manual for the French version of the Rosenzweig P-F Study, Adult Form)

Pichot, P., Freson, V., and Danjon, S. *Le test de frustration de Rosenzweig: forme pour enfants. Revue de Psychologie Appliquée,* 1956, *6,* 111-138. (Manual for the French version of the Rosenzweig P-F Study, Children Form)

Pierloot, R. A., and Van Roy, J. Asthma and aggression. *Journal of Psychosomatic Research,* 1969, *13,* 333-337.

Pitkänen, L. The effect of spaced vs. massed presentation of aggression items on verbal aggressive responses of children. *Scandinavian Journal of Psychology,* 1963, *4,* 55-64.

Pitkänen, L. *A descriptive model of aggression and nonaggression with applications to children's behaviour. Jyväskylä Studies in Education, Psychology* and *Social Research*, No. 19. Jyväskylä, Finland: Jyväskylän Yliopiston kirjasto, 1969.

Popp, M. Eine empirische Untersuchung über die Stabilität der Aggressionsrichtung. *Psychologie in Erziehung und Unterricht.*, 1974, *21*, 91–99.

Portnoy, B., and Stacey, C. L. A comparative study of Negro and white subnormals on the children's form of the Rosenzweig P-F Test. *American Journal of Mental Deficiency*, 1954, *59*, 272–278.

Prensky, S. J. An investigation of some personality characteristics of epileptic and psychosomatic patients: an evaluation of certain personality measures and reactions to frustration in idiopathic epileptic, symptomatic epileptic, and peptic ulcer patients. *Dissertation Abstracts*, 1958–59, *19*, 3025.

Preston, C. E. Accident-proneness in attempted suicide and in automobile accident victims. *Journal of Consulting Psychology*, 1964, *28*, 79–82.

Purdom, G. A., Jr. Comparison of performance of competent and incompetent readers in a state training school for delinquent boys on the WAIS and the Rosenzweig P-F Study. *Dissertation Abstracts*, 1958–59, *19*, 1016–1017.

Pym, D. A study of frustration and aggression among factory and office workers. *Occupational Psychology*, 1963, *37*, 165–179.

Pym, D. Exploring characteristics of the versatile worker. *Occupational Psychology*, 1965, *39*, 271–278.

Quarrington, B. The performance of stutterers on the Rosenzweig Picture-Frustration test. *Journal of Clinical Psychology*, 1953, *9*, 189–192.

Quay, H., and Sweetland, A. The relationship of the Rosenzweig Picture-Frustration Study to the M.M.P.I. *Journal of Clinical Psychology*, 1954, *10*, 296–297.

Rao, T. V., and Ramalingaswamy, P. A study of reactions to frustration and intelligence levels of fifth-grade children of Delhi schools. *Indian Educational Review*, 1974, *9*, 38–47.

Rapaport, G. M., and Marshall, R. J. The prediction of rehabilitative potential of stockade prisoners using clinical psychological tests. *Journal of Clinical Psychology*, 1962, *18*, 444–446.

Rapisarda, V. Il test di frustrazione di Rosenzweig nei nevrotici. *Igiene Mentale*, 1960, *4*, 3–7.

Rapisarda, V. *Validità e taratura regionale del Picture Frustration Study.* Catania: Quaderni di "Orpheus," 1962.

Rapisarda, V., and Mastruzzo, A. Reazioni alla frustrazione in un gruppo di giovani ciclisti. *Igiene Mentale,* 1960, *4,* 675-688. (a)

Rapisarda, V., and Mastruzzo, A. Indagine sulla tolleranza alle frustrazioni in un gruppo di soggetti praticanti sollevamento pesi. *Igiene Mentale,* 1960, *4,* 721-729. (b)

Rapisarda, V., and Romeo, G. Lo studio della frustrazione degli ulcerosi. *Revista di Psicologia,* 1965, *59,* 444-450.

Rauchfleisch, U. Neue Interpretationsmöglichkeiten des Rosenzweig-Picture-Frustration-Tests durch Verwendung von Indizes. *Schweizerische Zeitschrift für Psychologie und ihre Anwendungen,* 1971, *30,* 299-311. (a)

Rauchfleisch, U. Der Rosenzweig P-F Test in der klinisch-psychodiagnostischen Praxis: Eine Untersuchung an psychisch Gesunden, Süchtigen und Neurotikern. *Zeitschrift für Psychotherapie und medizinische Psychologie,* 1971, *21,* 151-159. (b)

Rauchfleisch, U. Frustrationsreaktionen verwahrloster Jugendlicher im Rosenzweig Picture-Frustration-Test. *Zeitschrift für klinische Psychologie und Psychotherapie,* 1973, *21,* 18-25.

Rauchfleisch, U. Beziehungen zwischen Frustrationsreaktionen und Intelligenzfunktionen bei verwahrlosten Jugendlichen. *Psychologische Beiträge,* 1974, *16,* 365-397.

Rauchfleisch, U. Zur Frage der diagnostischen Bedeutung der "Diskrepanzen" im Progressiven Matrizentest von Raven. *Diagnostica: Zeitschrift für psychologische Diagnostik,* 1975, *21,* 107-115.

Rauchfleisch, U. Frustrationsverhalten und intellektuelle Anpassungsfunktionen bei verwahrlosten Kindern und Jugendlichen. *Heilpädagogische Forschung,* 1976, *6,* 308-316.

Rauchfleisch, U. *Handbuch zum Rosenzweig Picture-Frustration Test (PFT). Grundlagen, bisherige Resultate und Andwendungsmöglichkeiten des PFT* (Vol. 1). *Handanweisung zur Durchführung des PFT und Neueichung der Testformen für Kinder und Erwachsene* (Vol. 2). Bern: Huber, 1978.

Reck, J. J., McCary, J. L., and Weatherly, J. K. Intra-familial comparisons of frustration-aggression patterns. *Psychological Reports*, 1969, *25*, 356.

Reid, L. L. An evaluation of the Rosenzweig Picture-Frustration Test. *West Virginia University Bulletin*, 1951, *23*, 170–172.

Reynolds, A. E. Evaluation of an institutional attendant training project. *Dissertation Abstracts*, 1972, *32*, 4195B.

Riccio, D., and Antonelli, F. Il "P.F.T. di Rosenzweig" in 21 pugili italiani partecipanti alle olimpiadi di Roma. *Archivo di Psicologia, Neurologia e Psichiatria*, 1962, *23*, 329–346.

Ricciuti, E. A. Children and radio: a study of listeners and non-listeners to various types of radio programs in terms of selected ability, attitude, and behavior measures. *Genetic Psychology Monographs*, 1951, *44*, 69–143.

Roberts, A. H., and Jessor, R. Authoritarianism, punitiveness, and perceived social status. *Journal of Abnormal and Social Psychology*, 1958, *56*, 311–314.

Rogers, A. H., and Paul, C. Impunitiveness and unwitting self-evaluation. *Journal of Projective Techniques*, 1959, *23*, 459–461.

Rosenzweig, S. Preferences in the repetition of successful and unsuccessful activities as a function of age and personality. *Journal of Genetic Psychology*, 1933, *42*, 423–441. (a)

Rosenzweig, S. The recall of finished and unfinished tasks as affected by the purpose with which they were performed. *Psychological Bulletin*, 1933, *30*, 698. (Abstract) (b)

Rosenzweig, S. A suggestion for making verbal personality tests more valid. *Psychological Review*, 1934, *41*, 400–401. (a)

Rosenzweig, S. Types of reaction to frustration: a heuristic classification. *Journal of Abnormal and Social Psychology*, 1934, *29*, 298–300. (b)

Rosenzweig, S. A test for types of reaction to frustration. *American Journal of Orthopsychiatry*, 1935, *5*, 395–403.

Rosenzweig, S. The experimental study of psychoanalytic concepts. *Character and Personality*, 1937, *6*, 61–71. (a)

Rosenzweig, S. Frustration as a co-ordinating concept in experimental psychopathology. *Report of National Research Council Conference on Experimental Neuroses and Allied Problems,* 1937, 38–42. (b)

Rosenzweig, S. A dynamic interpretation of psychotherapy oriented towards research. *Psychiatry,* 1938, *1,* 521–526. (a)

Rosenzweig, S. The experimental measurement of types of reaction to frustration. In H. A. Murray (Ed.), *Explorations in personality.* New York: Oxford University Press, 1938, pp. 585–599. (b)

Rosenzweig, S. The experimental study of repression. In H. A. Murray (Ed.), *Explorations in personality.* New York: Oxford University Press, 1938, pp. 472–490. (c)

Rosenzweig, S. Need-persistive and ego-defensive reactions to frustration as demonstrated by an experiment on repression. *Psychological Review,* 1941, *48,* 347–349.

Rosenzweig, S. An experimental study of 'repression' with special reference to need-persistive and ego-defensive reactions to frustration. *Journal of Experimental Psychology,* 1943, *32,* 64–74.

Rosenzweig, S. An outline of frustration theory. Chapter 11 In J. McV. Hunt (Ed.), *Personality and the behavior disorders* (Vol. 1). New York: Ronald Press, 1944.

Rosenzweig, S. The picture-association method and its application in a study of reactions to frustration. *Journal of Personality,* 1945, *14,* 3–23.

Rosenzweig, S. Frustration tolerance and the Picture-Frustration Study. *Psychological Service Center Journal,* 1950, *2,* 109–115. (a)

Rosenzweig, S. Levels of behavior in psychodiagnosis with special reference to the Picture-Frustration Study. *American Journal of Orthopsychiatry,* 1950, *20,* 63–72. (b)

Rosenzweig, S. A method of validation by successive clinical predictions. *Journal of Abnormal and Social Psychology,* 1950, *45,* 507–509. (c)

Rosenzweig, S. Revised norms for the Adult Form of the Rosenzweig Picture-Frustration Study. *Journal of Personality,* 1950, *18,* 344–346. (d)

Rosenzweig, S. Some problems relating to research on the Rosenzweig Picture-Frustration Study. *Journal of Personality,* 1950, *18,* 303–305. (e)

Rosenzweig, S. The treatment of humorous responses in the Rosenzweig Picture-Frustration Study: a note on the revised (1950) instructions. *Journal of Psychology*, 1950, *30*, 139–143. (f)

Rosenzweig, S. *Revised scoring manual for the Rosenzweig Picture-Frustration Study, Form for Adults.* St. Louis: S. Rosenzweig, 1950. (g)

Rosenzweig, S. Idiodynamics in personality theory with special reference to projective methods. *Psychological Review*, 1951, *58*, 213–223. (a)

Rosenzweig, S. The influence of differing methods of administration upon responses to the P-F. Unpublished laboratory report, 1951. (b)

Rosenzweig, S. Laboratory report on miscellaneous P-F Study projects. Unpublished manuscript, 1952.

Rosenzweig, S. Rosenzweig Picture-Frustration Study. Chapter 25B In A. Weider (Ed.), *Contributions toward medical psychology* (Vol. 2). New York: Ronald Press, 1953.

Rosenzweig, S. Projective methods and psychometric criteria: a note of reply to J. P. Sutcliffe. *Australian Journal of Psychology*, 1956, *8*, 152–155. (a)

Rosenzweig, S. Vintage Binet contemporized. *Contemporary Psychology*, 1956, *1*, 219–220. (b)

Rosenzweig, S. The place of the individual and of idiodynamics in psychology: a dialogue. *Journal of Individual Psychology*, 1958, *14*, 3–20.

Rosenzweig, S. The validity of validity. Unpublished manuscript, 1959.

Rosenzweig, S. The Rosenzweig Picture-Frustration Study, Children's Form. In A. I. Rabin and M. Haworth (Eds.), *Projective techniques with children.* New York: Grune & Stratton, 1960, pp. 149–176.

Rosenzweig, S. Le Test de Frustration de Rosenzweig pour enfants: développment et état actuel. *Revue de Psychologie Appliquée*, 1962, *12*, 275–310.

Rosenzweig, S. Validity of the Rosenzweig Picture-Frustration Study with felons and delinquents. *Journal of Consulting Psychology*, 1963, *27*, 535–536.

Rosenzweig, S. Il Picture Frustration Study forma per fanciulli. *Bolletino di Psicologia Applicata*, 1964, No. 61–62, 1–31.

Rosenzweig, S. Note of correction for Schwartz, Cohen and Pavlik's "The effects of subject- and experimenter-induced defensive response sets on Picture-Frustration Test reactions." *Journal of Projective Techniques and Personality Assessment,* 1965, *29,* 352-353.

Rosenzweig, S. Extending the repressor-sensitizer dichotomy. *Journal of Clinical Psychology,* 1967, *23,* 37-38. (a)

Rosenzweig, S. Revised criteria for the Group Conformity Rating of the Rosenzweig Picture-Frustration Study, Adult Form. *Journal of Projective Techniques and Personality Assessment,* 1967, *31,* 58-61. (b)

Rosenzweig, S. A brief semicentennial survey of child guidance practices (1909-1959). *Journal of Genetic Psychology,* 1968, *112,* 109-116.

Rosenzweig, S. Différences de réactions a la frustration entre adolescents et adolescentes. *Revue de Psychologie Appliquée.* 1969, *19,* 91-104.

Rosenzweig, S. Sex différences in réaction to frustration among adolescents. In J. Zubin and A. Freedman (Eds.), *Psychopathology of adolescence.* New York: Grune & Stratton, 1970, pp. 90-107. (a)

Rosenzweig, S. A comparative investigation of P-F Study results under multiple-choice and standard procedures of administration. Unpublished investigation, 1970. (b)

Rosenzweig, S. Aggressive behavior and the Rosenzweig Picture-Frustration (P-F) Study. *Journal of Clinical Psychology,* 1976, *32,* 885-891. (a)

Rosenzweig, S. L'aggression et le Test de Frustration de Rosenzweig. *Revue de Psychologie Appliquée,* 1976, *26,* 39-48. (b)

Rosenzweig, S. Manual for the Rosenzweig Picture-Frustration Study, Adolescent Form. St. Louis: S. Rosenzweig, 1976. (c)

Rosenzweig, S. *Manual for the Children's Form of the Rosenzweig Picture-Frustration (P-F) Study.* St. Louis: Rana House, 1977. (a)

Rosenzweig, S. Outline of a denotative definition of aggression. *Aggressive Behavior,* 1977, *3,* 379-383. (b)

Rosenzweig, S. Rosenzweig Picture-Frustration (P-F) Study. In B. B. Wolman (Ed.), *International encyclopedia of psychiatry, psychology, psychoanalysis and neurology,* 1977, *9,* 483-486. (c)

引用文献

Rosenzweig, S. *The Rosenzweig Picture-Frustration (P-F) Study: Basic Manual.* St. Louis: Rana House, 1978. (a)

Rosenzweig, S. *Adult Form Supplement to the Basic Manual of the Rosenzweig Picture-Frustration (P-F) Study.* St. Louis: Rana House, 1978. (b)

Rosenzweig, S., and Adelman, S. Construct validity of the Rosenzweig Picture-Frustration Study. *Journal of Personality Assessment*, 1977, *41*, 578–588.

Rosenzweig, S., and Braun, S. H. Differenze dipendenti dal sasso nelle reazioni degli adolescenti nella frustrazione. Esaminate con il P. F. Study di Rosenzweig. *Bollettino di Psicologia Applicata*, 1969, No. 91–93, 23–33.

Rosenzweig, S., and Braun, S. H. Adolescent sex differences in reactions to frustration as explored by the Rosenzweig P-F Study. *Journal of Genetic Psychology*, 1970, *116*, 53–61.

Rosenzweig, S., Bundas, L. E., Lumry, K., and Davidson, H. W. An elementary syllabus of psychological tests. *Journal of Psychology*, 1944, *18*, 9–40. See pp. 28–29.

Rosenzweig, S., Clarke, H. J., Garfield, M. S., and Lehndorff, A. Scoring samples for the Rosenzweig Picture-Frustration Study. *Journal of Psychology*, 1946, *21*, 45–72.

Rosenzweig, S., Fleming, E. E., and Clarke, H. J. Revised scoring manual for the Rosenzweig Picture-Frustration Study. *Journal of Psychology*, 1947, *24*, 165–208.

Rosenzweig, S., Fleming, E. E., and Rosenzweig, L. The Children's Form of the Rosenzweig Picture-Frustration Study. *Journal of Psychology*, 1948, *26*, 141–191.

Rosenzweig, S., with Kogan, K. Rosenzweig Picture-Frustration Study. In *Psychodiagnosis: an introduction to the integration of tests in dynamic clinical practice.* New York: Grune & Stratton, 1949, pp. 167–182.

Rosenzweig, S., Ludwig, D. J., and Adelman, S. Esame della fedeltà mediante la tecnica del retest del Rosenzweig Picture Frustration Study e di techniche semi-proiettive simili. *Bollettino di Psicologia Applicata*, 1973, No. 118–120, 5–18.

Rosenzweig, S., Ludwig, D. J., and Adelman, S. Fidélite test-retest du Test de Frustration de Rosenzweig et de techniques semi-projectives analogues. *Revue de Psychologie Appliquée*, 1974, *24*, 181–196.

Rosenzweig, S., Ludwig, D. J., and Adelman, S. Retest reliability of the Rosenzweig Picture-Frustration Study and similar semi-projective techniques. *Journal of Personality Assessment*, 1975, *39*, 3-12.

Rosenzweig, S., and Mason, G. A. An experimental study of memory in relation to the theory of repression. *British Journal of Psychology*, 1934, *24*, 247-265.

Rosenzweig, S., and Mirmow, E. L. The validation of trends in the Children's Form of the Rosenzweig Picture-Frustration Study. *Journal of Personality*, 1950, *18*, 306-314.

Rosenzweig, S., Mowrer, O. H., Haslerud, G. M., Curtis, Q. F., and Barker, R. G. Frustration as an experimental problem. *Character and Personality*, 1938, *7*, 126-160.

Rosenzweig, S., and Rosenzweig, L. Aggression in problem children and normals as evaluated by the Rosenzweig P-F Study. *Journal of Abnormal and Social Psychology*, 1952, *47*, 683-687.

Rosenzweig, S., and Rosenzweig, L. *Guide to research on the Rosenzweig Picture-Frustration (P-F) Study, 1934-1974, organized by topic; and Bibliography of research: References by author.* St. Louis: S. and L. Rosenzweig, 1975.

Rosenzweig, S., and Rosenzweig, L. Guide to research on the Rosenzweig Picture-Frustration (P-F) Study, 1934-1974. *Journal of Personality Assessment*, 1976, *40*, 599-606. (a)

Rosenzweig, S., and Rosenzweig, L. Guida alla ricerca sul Rosenzweig Picture-Frustration (P-F) Study, 1934-1974. *Bollettino di Psicologia Applicata*, 1976, No. 133-134-135, 3-15. (b)

Rosenzweig, S., and Rosenzweig, L. Guide pour la recherche sur le Test de Frustration de Rosenzweig, 1934-1974. *Revue de Psychologie Appliquée*, 1977, *27*, 51-61.

Rosenzweig, S., and Sarason, S. An experimental study of the triadic hypothesis: reaction to frustration, ego-defense, and hypnotizability: I. Correlational approach. *Character and Personality*, 1942, *11*, 1-19.

Ross, E. N. Reactions to frustration of retardates in special and in regular classes. *Dissertation Abstracts*, 1965, *26*, 2316.

Ross, W. D., Adsett, N., Gleser, G., Joyce, C. R. B., Kaplan, S. M., and Tieger,

M. E. A trial of psychopharmacologic measurement with projective techniques. *Journal of Projective Techniques and Personality Assessment,* 1963, *27,* 222–225.

Roth, R. M. & Puri, P. Direction of aggression and the non-achievement syndrome. *Journal of Counseling Psychology,* 1967, *14,* 277–281.

Sacco, F. Studio della frustrazione col P-F di Rosenzweig nei siciliani in eta evolutiva. *Infanzia anormale,* 1955, *11,* 146–166.

Sacripanti, P. Il P.F.T. di Rosenzweig negli stati depressivi. *Neuropsichiatria,* 1958, *1,* 93.

Saito, I. Social status, out-or-in-group, and aggressive behavior in Japanese society. *Japanese Journal of Psychology,* 1973, *44,* 150–155.

Saltzman, E. S. A comparison of patterns of identification as shown by family members of three religious denominations in Houston, Texas. *Dissertation Abstracts,* 1965, *26,* 6857.

Sanford, F. H. The use of a projective device in attitude surveying. *Public Opinion Quarterly,* 1950–51, *14,* 697–709.

Sanford, F. H., and Rosenstock, I. M. Projective techniques on the doorstep. *Journal of Abnormal and Social Psychology,* 1952, *47,* 3–16.

Sarason, S., and Rosenzweig, S. An experimental study of the triadic hypothesis: reaction to frustration, ego-defense, and hypnotizability: II. Thematic apperception approach. *Character and Personality,* 1942, *11,* 150–165.

Sarker, S. N. Reactions of the tribal Hindu and tribal Christian girls to common stress-producing situations. *Indian Psychological Review,* 1969, *5,* 146–149.

Sarnoff, I. Identification with the aggressor: some personality correlates of anti-Semitism among Jews. *Journal of Personality,* 1951, *20,* 199–218.

Schalock, R. L., and MacDonald, P. Personality variables associated with reactions to frustration. *Journal of Projective Techniques and Personality Assessment,* 1966, *30,* 158–160.

Schill, T. R., and Black, J. M. Differences in reaction to frustration as a function of need for approval. *Psychological Reports,* 1967, *21,* 87–88.

Schill, T., and Black, J. M. Differences in reactions to Rosenzweig's P-F Study by defensive and nondefensive repressors and sensitizers. *Psychological Reports,* 1969, *25,* 929–930.

Schmeidler, G. R. Some relations between Picture-Frustration ratings and ESP scores. *Journal of Personality,* 1950, *18,* 331–343.

Schmeidler, G. R. Picture-Frustration ratings and ESP scores for subjects who showed moderate annoyance at the ESP task. *Journal of Parapsychology,* 1954, *18,* 137–152.

Schmeidler, G. R., and McConnell, R. A. Frustration in relation to ESP. In *ESP and personality patterns.* New Haven: Yale University Press, 1958.

Schneider, J. E. The effects of a season of competition on the aggressive responses of intercollegiate football players. *Dissertation Abstracts,* 1974, *34,* 6434A.

Schöfer, G., and Meyer, A.-E. Krankheitsbedingte Veränderungen bei den Reaktionen im Rosenzweig Picture Frustration Test (PFT). *Medizinische Psychologie,* 1976, *2,* 1–12.

Schwartz, A. N., and Kleemeier, R. W. The effects of illness and age upon some aspects of personality. *Journal of Gerontology,* 1965, *20,* 85–91.

Schwartz, M. M. The relationship between projective test scoring categories and activity preferences. *Genetic Psychology Monographs,* 1952, *46,* 133–181.

Schwartz, M. M. Galvanic skin responses accompanying the Picture-Frustration Study. *Journal of Clinical Psychology,* 1957, *13,* 382–387. (a)

Schwartz, M. M. The importance of the pictorial aspect in determining performance on the Picture-Frustration Study. *Journal of Clinical Psychology,* 1957, *13,* 399–402. (b)

Schwartz, M. M., Cohen, B. D., and Pavlik, W. B. Effects of subject-and-experimenter-induced defensive response sets on picture-frustration test reactions. *Journal of Projective Techniques and Personality Assessment,* 1964, *28,* 341–345.

Schwartz, M. M., and Karlin, L. A new technique for studying the meaning of performance on the Rosenzweig Picture-Frustration Study. *Journal of Consulting Psychology,* 1954, *18,* 131–134.

Schwartz, M. M., and Levine, H. Union and management leaders: a comparison. *Personnel Administration,* 1965, *28,* 44–47.

Scott, M. V. Death, anxiety, and attitudes toward violence and aggression. *Dissertation Abstracts,* 1976, *37,* 989B.

Searle, A. The perception of filmed violence by aggressive individuals with high or low self-concept of aggression. *European Journal of Social Psychology,* 1976, *6,* 175–190.

Sears, P. S., and Sherman, V. S. *In pursuit of self-esteem. Case studies of eight elementary school children.* Belmont, Calif.: Wadsworth Publishing Co., 1964.

Seidman, E. Some relationships of frustration reaction to aspects of conscience and social reality. *Dissertation Abstracts,* 1964, *26,* 2316.

Seitz, P. F. D., Gosman, J. S., and Craton, A. B. Super-ego aggression in circumscribed neurodermatitis. *Journal of Investigative Dermatology,* 1953, *20,* 263–269.

Selkin, J., and Morris, J. Some behavioral factors which influence the recovery rate of suicide attempters. *Bulletin of Suicidology,* 1971, *8,* 29–38.

Semeonoff, B. *Projective techniques.* New York: John Wiley, 1976. See pp. 156–160.

Seward, G. H., Morrison, L. M., and Fost, B. Personality structure in a common form of colitis. *Psychological Monographs,* 1951, *65* (Whole No. 318).

Shakow, D., Rodnick, E. H., and Lebeaux, T. A psychological study of a schizophrenic: exemplification of a method. *Journal of Abnormal and Social Psychology,* 1945, *40,* 154–174.

Shapiro, A. E. A comparative evaluation of the reactions to frustration of delinquent and non-delinquent male adolescents. *Dissertation Abstracts,* 1954, *14,* 400–401.

Sharma, C. M. Sex differences among adolescents related to reactions to frustration in school situations. *Rajasthan Board Journal of Education* (Rajasthan, India), 1975, *11,* 6–11.

Shaw, M. C., and Black, M. D. The reaction to frustration of bright high school underachievers. *California Journal of Educational Research*, 1960, *11*, 120–124.

Sheehan, J. G. Projective studies of stuttering. *Journal of Speech and Hearing Disorders*, 1958, *23*, 18–25.

Shimazu, M. Comment on the P-F Study. *Psychological Test Bulletin*, (Kyoto City, Japan: Sankyobo), 1961, *1*, 34–36.

Shor, R. E., Orne, M. T., and O'Connell, D. N. Psychological correlates of plateau hypnotizability in a special volunteer sample. *Journal of Personality and Social Psychology*, 1966, *3*, 80–95.

Siegel, S., Spilka, B., and Miller, L. The direction of manifest hostility: its measurement and meaning. *American Psychologist*, 1957, *12*, 421. (Abstract)

Silverstein, A. B. Faking on the Rosenzweig P-F Study. *Journal of Applied Psychology*, 1957, *41*, 192–194.

Simkins, L. Generalization effects of hostile verb reinforcement as a function of stimulus similarity and type of reinforcer. *Journal of Personality*, 1961, *29*, 64–72.

Simons, H. Über die Auswirkungen unterschiedlicher instruktions-bedingungen im Rosenzweig Picture-Frustration Test auf die Antworten von Schülern. *Archiv für die gesamte Psychologie*, 1967, *119*, 16–25. (a)

Simons, H. Zur gruppenspezifischen Diskriminationsfähigkeit der Kinderform des Rosenzweig Picture-Frustration Test. *Diagnostica: Zeitschrift für psychologische Diagnostik*, 1967, *13*, 15–29. (b)

Simos, I. The Picture-Frustration Study in the psychiatric situation—preliminary findings. *Journal of Personality*, 1950, *18*, 327–330.

Sinaiko, M. W. The Rosenzweig Picture-Frustration Study in the selection of department store section managers. *Journal of Applied Psychology*, 1949, *33*, 36–42.

Singh, M. V., Paliwal, T. R., and Gupta, S. Frustration reaction among emotionally disturbed children. *Child Psychiatry Quarterly* (Hyderabad, India), 1972, *5*, 3–10.

Sivanandam, C. A study of frustration-reaction in delinquent and non-delinquent children. *Indian Journal of Social Work*, 1971, *32*, 151–154.

Smith, L. M. The concurrent validity of six personality and adjustment tests for children. *Psychological Monographs,* 1958, *72* (Whole No. 457).

Smith, S. K., Jr. A factor analytic study of the Rosenzweig Picture-Frustration Study as a predictor of academic achievement. *Dissertation Abstracts,* 1961, *22,* 647–648.

Snyders, G. Quel type de frustration atteint le Test de Rosenzweig. *Psychologie Française,* 1961, *6,* 148–152.

Solomon, L. G. An investigation of visual defect and certain cultural and personality factors in juvenile delinquency. *Dissertation Abstracts,* 1962, *25,* 2617.

Sommer, R. On the Brown adaptation of the Rosenzweig P-F for assessing social attitudes. *Journal of Abnormal and Social Psychology,* 1954, *49,* 125–128.

Sopchak, A. L. Projective study of Peter and his parents. *Journal of Child Psychiatry,* 1956, *3,* 149–200.

Spache, G. Differential scoring of the Rosenzweig Picture-Frustration Study. *Journal of Clinical Psychology,* 1950, *6,* 406–408.

Spache, G. Sex differences in the Rosenzweig P-F Study, Children's Form. *Journal of Clinical Psychology,* 1951, *7,* 235–238.

Spache, G. D. Personality characteristics of retarded readers as measured by the Picture-Frustration Study. *Educational and Psychological Measurement,* 1954, *14,* 186–192.

Spache, G. D. Appraising the personality of remedial pupils. In *Education in a free world.* Washington, D.C.: American Council on Education, 1955, pp. 122–131.

Spache, G. D. Personality patterns of retarded readers. *Journal of Educational Research,* 1957, *50,* 461–469.

Spache, G. D. *Toward better reading.* Champaign, Ill.: Garrard Publishing Co., 1963. See pp. 120–121, 130, 439.

Starer, E. Aggressive reactions and sources of frustration in anxiety neurotics and paranoid schizophrenics. *Journal of Clinical Psychology,* 1952, *8,* 307–309.

Stern, E. Neuere experimentelle Methoden zur Untersuchung der Affektivität und des Characters. *Fortschritte der Neurologie, Psychiatrie und ihrer Grenzgebiete*, 1952, *20*, 209-236.

Stern, E. Le test de Rosenzweig en neuro-psychiatrie infantile. *Psyché* (Paris), 1954, *87*, 35-46.

Stern, E. *Die Tests in der klinischen Psychologie* (2 vols.) Zürich: Rascher Verlag, 1954-55. See pages 650-655 in Vol. I.

Stoltz, R. E., and Smith, M. D. Some effects of socio-economic, age and sex factors on children's responses to the Rosenzweig Picture-Frustration Study. *Journal of Clinical Psychology*, 1959, *15*, 200-203.

Sumita, K. Factor analytic investigation of the P-F Study. *Psychological Test Bulletin* (Kyoto City, Japan: Sankyobo), 1961, *1*, 1-6.

Sumita, K., Hayashi, K., and Ichitani, T. *Rosenzweig's personality theory.* Kyoto City: Sankyobo, 1964. (English abstract: *Psychological Abstracts*, 1965, *39*, 1445.)

Sundgren, P. Lärarpersonlighet: Några personlighetsdifferenser mellan olika kategorier sökande till klasslärarutbildning. *Pedagogisk-psykologiska problem* (Malmö, Sweden: Lärarhögskolan), 1964, No. 4. (a)

Sundgren, P. Testsituation och kodningsteknek vid ett frustrationstest. *Pedagogisk-psykologiska problem* (Malmö, Sweden: Lärarhögskolan), 1964, No. 9. (b)

Sundgren, P. Lärarpersonlighet och lärarlämplighet: En undersokning av klasslärarkandidater. *Pedagogisk-psykologiska problem* (Malmö, Sweden: Lärarhögskolan), 1967, No. 47.

Sutcliffe, J. P. An appraisal of the Rosenzweig Picture-Frustration Study. *Australian Journal of Psychology*, 1955, *7*, 97-107.

Sutcliffe, J. P. A rejoinder to Rosenzweig. *Australian Journal of Psychology*, 1957, *9*, 91-92.

Sviland, M. A. P. Factors of adaptation and rehabilitation in home hemodialysis. *Dissertation Abstracts*, 1972, *32*, 4230B.

Swickard, D. L., and Spilka, B. Hostility expression among delinquents of minority and majority groups. *Journal of Consulting Psychology*, 1961, *25*, 216-220.

Syme, L. Personality characteristics and the alcoholic. *Quarterly Journal of Studies on Alcohol*, 1957, *18*, 288–301.

Szakács, Ferenc. Szociabilitás-mutatók projektív tesztekben [Sociability indices in projective tests]. *Magyar Pszichologiai Szemle*, 1968, *25*, 564–578.

Szudra, E. Der Rosenzweig Picture-Frustration Test und seine Eignung für die klinische Psychodiagnostik des Kindesalters. *Monatsschrift für Kinderheilkunde*, 1966, *114*, 507–511.

Taft, R. Is the tolerant personality type the opposite of the intolerant? *Journal of Social Psychology*, 1958, *47*, 397–405.

Taft, R. Creativity: hot and cold. *Journal of Personality*, 1971, *30*, 345 361.

Takala, A., and Takala, M. Finnish children's reactions to frustration in the Rosenzweig test: an ethnic and cultural comparison. *Acta Psychologica*, 1957, *13*, 43–50.

Takala, M. Rosenzweig Picture-Frustration Study. In *Studies of psychomotor personality tests I*. Helsinki: Finnish Academy of Sciences, 1953, pp. 116–118.

Takala, M., Pihkanen, T. A., and Markkanen, T. *The effects of distilled and brewed beverages: a physiological, neurological and psychological study*. Helsinki: Finnish Foundation for Alcohol Studies, 1957, *4*, 118–188.

Tausch-Habeck, E. Der Erwachsene im Erlebnis des Kindes. *Zeitschrift für Experimentelle und Angewandte Psychologie*, 1956, *3*, 472–498.

Taylor, J. W. An experimental study of repression with special reference to success-failure and completion-incompletion. *Journal of Clinical Psychology*, 1953, *9*, 352–355.

Taylor, M. V., Jr. Internal consistency of the scoring categories of the Rosenzweig Picture-Frustration Study. *Journal of Consulting Psychology*, 1952, *16*, 149–153.

Taylor, M. V., Jr., and Taylor, O. M. Internal consistency of the Group Conformity Rating of the Rosenzweig Picture-Frustration Study. *Journal of Consulting Psychology*, 1951, *15*, 250–252.

TeBeest, D. L., and Dickie, J. R. Responses to frustration: comparison of institutionalized and noninstitutionalized retarded adolescents and nonretarded children and adolescents. *American Journal of Mental Deficiency*, 1976, *80*, 407-413.

Teichman, M. Ego defense, self-concept and image of self ascribed to parents by delinquent boys. *Perceptual and Motor Skills*, 1971, *32*, 819-823.

Temmer, H. W. An investigation into the effects of psychotherapy upon habitual avoidance and escape patterns displayed by delinquent adolescent girls. *Dissertation Abstracts*, 1958, *18*, 304.

Tewari, J. G., and Gautam, R. P. Personality characteristics of socially accepted and socially neglected junior high school pupils. *Indian Journal of Social Work*, 1966, *27*, 211-217.

Tewari, J. G., and Shukla, S. N. P-F and C.A.T. responses of the over- and under-chosen in the municipal primary school of Aligarh. *Indian Journal of Social Work*, 1968, *28*, 467-470.

Tewari, J. G., and Tewari, J. N. On extremes of personality adjustment as measured by adjustment inventories. *Journal of Psychological Researches*, 1968, *12*, 75-81.

Thaller, J. L., Rosen, G., and Saltzman, S. Study of the relationship of frustration and anxiety to bruxism. *Journal of Periodontia*, 1967, *38*, 193-197.

Thiesen, J. W., and Meister, R. K. A laboratory investigation of measures of frustration tolerance of pre-adolescent children. *Journal of Genetic Psychology*, 1949, *75*, 277-291.

Timaeus, E., and Wolf, S. Untersuchungen über den Rosenzweig P-F Test. *Zeitschrift für Experimentelle und Angewandte Psychologie*, 1962, *9*, 352-360.

Trapp, E. P. Threat and direction of aggression. *Journal of Clinical Psychology*, 1959, *15*, 308-310.

Trentini, G. Analisi sperimentale sul "faking": un aspetto trascurato della validazione dei tests. *Contributi dell'Istituto di Psicologia* (Milan: Società Editrice Vita e Pensiero), 1961, *24*.

Trentini, G. Contributo sperimentale alla validazione del test di Rosenzweig. *Contributi dell'Istituto di Psicologia*, 1962, *25*, 255-271.

Trentini, G. La trasposizione filmica del "Picture Frustration Test" di S. Rosenzweig. *Ikon (Revue Internationale de Filmologie)*, 1966, *16*, 45-51.

Trentini, G. La trasposizioni filmica del "Picture Frustration Test" di S. Rosenzweig. *Ikon*, 1968, *18*, 9–38.

Trentini, G. Settentrionali e meridionali in Italia: Pregiudizio etnico, canalizzazione dell' aggressività e percezione interpersonale. *Contributi dell' Istituto di Psicologia*, 1970, *30*, 443–493.

Trentini, G., and Muzio, G. B. Taratura del "reattivo filmico di frustrazione" nelle somministrazioni individuale e di gruppo e reazioni ad esse secondo vari livelli di geografia socio-economico-culturale. *Ikon*, 1970, *20*, 39–82.

Triandis, L. M., and Lambert, W. W. Sources of frustration and targets of aggression: a cross-cultural study. *Journal of Abnormal and Social Psychology*, 1961, *62*, 640–648.

Tridenti, A., Ragionieri, M., Rigamonti, P. O., and de Risio, C. Investigation into the personality of patients with gastric and duodenal ulcer by means of the Rorschach and Rosenzweig tests. *Rivista Sperimentale di Freniatria e Medicina Legale delle Alienazioni Mentali*, 1972, *96*, 1400–1428.

Van Dam, F. Résultats d'une utilisation du test P.F. de Rosenzweig en sélection d'agents de vente. *Revue de Psychologie et des Sciences de l'Education*, 1970, *5*, 172–188.

Van Roy, F. *L'Enfant infirme, son handicap, son drame, sa guerison*. Paris: Delachaux & Niestle S.A., 1954. See Part Two, Chapters III and IV.

Vane, J. R. Implications of the performance of delinquent girls on the Rosenzweig Picture-Frustration Study. *Journal of Consulting Psychology*, 1954, *18*, 414.

Vieira, M. V. M., Machado, D. M., de Oliveira Pereira, A., and Litman, H. Caracteristicas do teste GF-Rosenzweig em tuberculosos hospitalizados. *Arquivos Brasileiros de Psicologia Aplicada*, 1973, *25*, 51–124.

Villerbu, L. La formation de la résistance à la frustration et l'importance du contrôle de soi dans cet apprentissage. *L'Information Psychologique*, 1967, *25*, 35–36.

Villerbu, L. Examin critique du Picture Frustration Study de S. Rosenzweig. Ph.D. dissertation, Université de Nice, 1969.

Vinacke, W. E. A comparison of the Rosenzweig P-F Study and the Brown interracial version: Hawaii. *Journal of Social Psychology*, 1959, *49*, 161–175.

Viney, L. Reactions to frustration in chronically disabled patients. *Journal of Clinical Psychology,* 1972, *28,* 164–165.

Volle, F. O. & Spilka, B. Hostility expression and stress-produced blood pressure variation. *American Psychologist,* 1961, 16, 352. (Abstract)

Walker, R. G. A comparison of clinical manifestations of hostility with Rorschach and MAPS Test performances. *Journal of Projective Techniques,* 1951, *15,* 444–460.

Wallen, N. E., Samuelson, C. O., Brewer, J. J., Gerber, S. K., and Woolaver, J. N. A comparison of slightly and severely orthopedically disabled and "normal" adults on several psychological tests. *Rehabilitation Counseling Bulletin,* 1964, *8,* 50–57.

Wallon, E. J. A study of Rosenzweig scoring patterns among naval aviation cadets. Bureau of Medicine and Surgery Research Project No. NM 001 109 100, Report No. 9. Pensacola, FL: U.S. Naval School of Aviation Medicine, Naval Air Station, May 1, 1956.

Wallon, E. J., and Webb, W. B. The effect of varying degrees of projection on test scores. *Journal of Consulting Psychology,* 1957, *21,* 465–472.

Watson, R. I. The Rosenzweig Picture-Frustration Study. Chapter 15 in *The clinical method in psychology.* New York: Harper, 1951.

Waugh, D. B. Attempted suicide and aggression: a study of three personality types of suicide attempters. *Dissertation Abstracts,* 1974, *35,* 1398B.

Weatherly, J. K. A comparative investigation of frustration-aggression patterns shown by adults and children within the same families of three religious groups. *Dissertation Abstracts,* 1966, *27,* 975.

Wechsberg, F. O. An experimental investigation of levels of behavior with special reference to the Rosenzweig Picture-Frustration Study. Unpublished doctoral dissertation, Washington University (St. Louis), 1951. Summarized in Rosenzweig, 1960, pp. 166–168.

Weiner, I. B., and Ader, R. Direction of aggression and adaptation to free operant avoidance conditioning. *Journal of Personality and Social Psychology,* 1965, *2,* 426–429.

Weinstein, A. D., Moore, C. W., and McCary, J. L. A note on the comparison of differences between several religious groups of adults on various measures of the Rosenzweig Picture-Frustration Study. *Journal of Clinical Psychology,* 1963, *19,* 219.

Weise, M. Der Rosenzweig-Picture-Frustration-Test bei Kindern mit leichtem hirnorganischen Residualsyndrom. *Praxis der Kinderpsychologie und Kinderpsychiatrie,* 1971, *20,* 170–172.

Weiss, W., and Fine, B. The effect of induced aggressiveness on opinion change. *Journal of Abnormal and Social Psychology,* 1956, *52,* 109–114.

Wendland, L. V. A preliminary study of frustration reactions of the post-poliomyelitic. *Journal of Clinical Psychology,* 1954, *10,* 236–240.

Werner, S. Versuch einer Objektivierung des Rosenzweig P-F tests. *Zeitschrift für Experimentelle und Angewandte Psychologie,* 1966, *13,* 133–155.

Wessman, A. E., Ricks, D. F., and Tyl, M. McI. Characteristics and concomitants of mood fluctuation in college women. *Journal of Abnormal and Social Psychology,* 1960, *60,* 117–126.

Whetstone, B. D. Personality differences between selected counselors and effective teachers. *Personnel and Guidance Journal,* 1965, *43,* 886–890.

White, W. C., Jr. Selective modeling in youthful offenders with high and low (overcontrolled-hostility) personality types. *Dissertation Abstracts,* 1971, *31,* 5648B.

Whitman, J. R., and Schwartz, A. N. Relationship between social desirability scale values and probability of endorsement in social situations. *Journal of Projective Techniques and Personality Assessment,* 1966, *30,* 280–282.

Whitman, J. R., and Schwartz, A. N. The relationship between two measures of the tendency to give socially desirable responses. *Journal of Projective Techniques and Personality Assessment,* 1967, *31,* 72–75.

Williams, S. G. Temporal experience and schizophrenia: a study of time orientation, attitude, and perspective. *Dissertation Abstracts,* 1965, *26,* 6862.

Wilson, G. D. Projective aggression and social attitudes. *Psychological Reports,* 1973, *32,* 1015–1018.

Wilson, M. E., Jr., and Frumkin, R. M. Underlying assumptions of the Rosenzweig Picture-Frustration Study: a critical appraisal. *Educational and Psychological Measurement*, 1968, *28*, 587-594.

Winfield, D. L., and Sparer, P. J. Preliminary report of the Rosenzweig P-F Study in attempted suicides. *Journal of Clinical Psychology*, 1953, *9*, 379-381.

Winslow, C. N., and Brainerd, J. E. A comparison of the reactions of whites and Negroes to frustration as measured by the Rosenzweig Picture-Frustration Test. *American Psychologist*, 1950, *5*, 297. (Abstract.)

Wittenborn, J. R., Dempster, A., Maurer, H., and Plante, M. Pretreatment of individual differences as potential predictors of response to pharmacology. *Journal of Nervous and Mental Disease*, 1964, *139*, 186-194.

Wittenborn, J. R., and Plante, M. Patterns of response to placebo, iproniazid and electroconvulsive therapy among young depressed females. *Journal of Nervous and Mental Disease*, 1963, *137*, 155-161.

Wittenborn, J. R., Plante, M., Burgess, F., and Livermore, N. The efficacy of electroconvulsive therapy, iproniazid and placebo in the treatment of young depressed women. *Journal of Nervous and Mental Disease*, 1961, *113*, 316-332.

Wolfgang, M. E., and Ferracuti, F. *The subculture of violence: toward an integrated theory in criminology*. London: Tavistock Publications, 1967.

Wright, J. M., and Harvey, O. J. Attitude change as a function of authoritarianism and punitiveness. *Journal of Personality and Social Psychology*, 1965, *1*, 177-181.

Wright, M. R., and McCary, J. L. Positive effects of sex information on emotional patterns of behavior. *Journal of Sex Research*, 1969, *5*, 162-169.

Zaidi, S. M. H., and Shafi, K. An objective evaluation of Rosenzweig's analysis of subjective reactions to frustration in a Pakistani cultural setting. *Psychologia: An International Journal of Psychology in the Orient*, 1965, *8*, 213-217.

Zimet, S. G., Rose, C., and Camp, B. W. Relationship between reading achievement and Rosenzweig Picture-Frustration Study in early grades. *Psychology in the Schools*, 1973, *10*, 433-436.

Zubin, J., Eron, L. D., & Schumer, F. *An experimental approach to projective techniques*. New York: John Wiley, 1965, pp. 487-496.

Zuckerman, M. The effect of frustration on the perception of neutral and aggressive words. *Journal of Personality*, 1955, *23*, 407–422.

Zuk, G. H. The influence of social context on impulse and control tendencies in preadolescents. *Genetic Psychology Monographs*, 1956, *54*, 117–166.

# 補遺

Allport, G. W. A test for Ascendance-Submission. *Journal of Abnormal and Social Psychology,* 1928, *23,* 118–136.

American Psychological Association. *Standards for educational and psychological tests and manuals.* Washington, D.C.: American Psychological Association, 1966.

Blatt, S. J. The validity of projective techniques and their research and clinical contribution. *Journal of Personality Assessment,* 1975, *39,* 327–343.

Burgess, A. *A clockwork orange.* New York: Norton, 1963.

Cronbach, L. J. Validation of educational measures. *Proceedings of the 1969 Invitational Conference on Testing Problems.* Princeton, N.J.: Educational Testing Service, 1970, pp. 35–52.

Cronbach, L. J. Test validation. In R. L. Thorndike (Ed.). *Educational measurement* (2d ed.). Washington, D.C.: American Council on Education, 1971.

Dollard, J., Doob, L. W., Miller, N. E., Mowrer, O. H., and Sears, R. R. *Frustration and aggression.* New Haven: Yale University Press, 1939.

Frankenhaeuser, M., and Kareby, S. Effect of meprobamate on catecholamine excretion during mental stress. *Perceptual and Motor Skills,* 1962, *15,* 571–577.

Galton, F. Psychometric experiments. *Brain,* 1879–1880, *2,* 149–162.

Guilford, J. P. *Fundamental statistics in psychology and education* (2d ed.). New York: McGraw-Hill, 1950.

Hill, E. F. *The Holtzman Inkblot Technique.* San Francisco: Jossey-Bass, 1972.

Hokfelt, B. Noradrenaline and adrenaline in mammalian tissues. *Acta Physiologica Scandinavica,* 1951, *25,* Suppl. 92, 5–134.

Holtzman, W. H., Thorpe, J. S., Swartz, J. D., and Herron, E. W. *Inkblot perception and personality.* Austin: University of Texas Press, 1961.

Jung, C. G. *Studies in word association.* English translation. London: Heinemann, 1918. (German edition, 1906.)

Kubrick, S. *A clockwork orange.* New York: Ballantine Books, 1972. (Screenplay)

Lake, D. G., Miles, M. B., and Earle, R. B., Jr. *Measuring human behavior: tools for the assessment of social functioning.* New York: Teachers College Press, 1973, pp. 295–300.

Macfarlane, J. W. Problems of validation inherent in projective methods. *American Journal of Orthopsychiatry,* 1942, *12,* 405–410.

Messick, S. The standard problem. *American Psychologist,* 1975, *30,* 955–966.

Mischel, W. *Personality and assessment.* New York: John Wiley, 1968.

Morgan, C. D., and Murray, H. A. A method for investigating phantasies: the Thematic Apperception Test. *Archives of Neurology and Psychiatry,* 1935, *34,* 289–306.

Rosenzweig, S. Philosophy and psychoanalysis. A study in the reciprocal relationships between two parallel schools: Schopenhauer, Freud; Nietzsche, Adler; Bergson, Jung. Unpublished honors thesis, Harvard University, 1929.

Schildkraut, J. J. and Kety, S. S. Biogenic amines and emotion. *Science* 1967, *156,* 21–30.

Silverman, A. J., Cohen, S. I., Zuidema, G. D., and Lazar, C. S. Prediction of physiological stress tolerance from projective tests: "The focused Thematic Test." *Journal of Projective Techniques,* 1957, *21,* 189–193.

# 人名索引

## ❖ A

Abrams, E. N. 68
Adar, L. D. 71
Adelman, S. 19, 31, 49
Adinolfi, A. A. 19, 61, 73
Adler, A. 79
Adler, M. L. 65
Ainsworth, L. H. 73
Ainsworth, M. D. 73
Albee, G. W. 45
Allport, G. W. 50
Altrocchi, J. 40
Angelino, H. 66
Antonelli, F. 59
Arndt, C. 61
Arneson, G. 69

## ❖ B

Banissoni, P. 20
Barker, R. G. 79
Belcecchi, M. V. 20
Bell, R. B. 44, 81
Bennett, C. M. 54
Bennett, E. M. 70
Bergson, H. 79
Berkun, M. M. 47
Bernard, J. 28, 62
Bishop, A. L., III. 67
Bjerstedt, Å 19, 20
Black, M. D. 65
Blake, R. R. 53
Blatt, S. J. 31, 32
Bloom, M. H. 71
Boisbourdin, A. 64
Bourassa, M. 71
Braun, S. H. 36, 61, 81
Brown, R. L. 68
Brozek, J. 49
Bulato, J. C. 69
Bundas, L. E. 81
Burdick, H. A. 47
Burgess, A. 16
Burnham, C. A. 34

## ❖ C

Camp, B. W. 36, 67
Canter, F. M. 40, 72
Celli, B. 60
Christiansen, B. 45
Clarke, H. J. 14, 19, 81
Coché, E. 71
Cohen, B. D. 42
Cohen, S. 71
Cohen, S. I. 50
Connolly, C. 67
Corke, P. P. 73
Cormier, D. 71
Cortada de Kohan, N. 20
Craton, A. B. 70
Cronbach, L. J. 30, 32
Curtis, Q. F. 79

## ❖ D

Danjon, S. 19, 20, 28
Davids, A. 19
Davidson, H. W. 81
Debabrata, B. 54
Delay, J. 68
Delys, L. 64
Devi, R. S. 20
Diamond, M. D. 68
Dollard, J. 8
Dongier, S. 71
Doob, L. W. 8
Drolette, M. 37, 50
DuBois, P. H. 63
Duhm, E. 20
Dunlap, E. L. 66

## ❖ E

Earle, R. B., Jr. 22
Edwards, A. E. 71
Eilbert, L. 40
Emerick, L. L. 67
Eppel, E. M. 73, 74
Eppel, M. 73, 74

## ❖ F

Falls, R. P. 53

*155*

Farberow, N. L.   69
Feldman, J.   69
Ferguson, R. G.   57
Ferracuti, F.   20
Figler, S. K.   60
Fine, B. J.   50, 51
Fleming, E. E.   14, 19, 36, 81
Foreman, M. E.   66
Frankenhaeuser, M.   50
Franklin, J. C.   49
Freedman, L. Z.   19, 46, 56
French, R. L.   49
Freson, V.   20
Freud, S.   79
Fritz, J. F.   37
Fry, F. D.   56
Funkenstein, D. H.   37, 50

✥ G

Galton, F.   8
Garfield, M. S.   81
Getzels, J. W.   72
Golas, R. M.   70
Goldman, R.   45
Goldwyn, R. M.   45, 46, 57
Gosman, J. S.   70
Gottier, R. F.   19
Grygier, T.   19, 56
Guba, E. G.   72
Guilford, J. P.   21
Guillaumin, J.   19
Guion, R. M.   19
Gupta, S.   57
Guyotat, J.   19

✥ H

Hahn, F.   56
Hanin, Y. L.   60
Hansen, J.   20
Haslerud, G. M.   79
Hayashi, K.   20, 41
Heller, S. M.   34
Herron, E. W.   23
Hill, E. F.   23
Hörmann, H.   20
Hokfelt, B.   37
Holtzman, W. H.   23
Holzberg, J. D.   45, 56
Husman, B. F.   59

✥ I

Ichitani, T.   41

✥ J

Johannsen, D. E.   70
Jordan, T. E.   54
Jores, A.   71
Jung, C. G.   8, 79
Junken, E. M.   64

✥ K

Kamiya, M.   70
Kareby, S.   50
Karlin, L.   54
Kaswan, J.   19, 46, 56
Kates, S. L.   40
von Kerékjártó, M   71
Kety, S. S.   50
King, S. H.   37, 50
Klein, R. E.   19, 61, 73
Kleinfeld, G. R.   57
Klippstein, E.   41
Knoblach, D.   71
Kogan, K.   13
Koninckx, N.   71
Koski, M. -L.   70
Kramer, C.   20
Kubrick, S.   16
Kyriazis, C.   56

✥ L

Lacey, O. L.   68
Lake, D. G.   22
Landreville, I.   71
Lange, C. J.   48
Lazar, C. S.   50
Le Gat, A.   20
Lehndorff, A.   81
Leonardi, A. M.   62
Lester, D.   69
Levenson, M.   69
Levitt, E.   54
Lewinsohn, P.   70
Lindzey, G.   45, 46, 49, 57
Lipman, R. S.   66
Litman, H.   71
Lockwood, J. L.   45
Loveland, N. T.   48
Lowinger, L.   67

人名索引

Ludwig, D. J.　19, 31, 49
Lumry, K.　81
Lyle, W. H., Jr.　54
Lynch, D. J.　61
Lyon, W.　73

❖ M
McCary, J. L.　72
McConnell, R. A.　40
MacDonald, P.　54
Macfarlane, J. W.　31
Machado, D. M.　71
McLeod, M. A.　40
Madison, L.　67
Mason, G. A.　34
Mastruzzo, A.　59, 60
Megargee, E.　56
Mercer, M.　56
Messick, S.　33
Meyer, A. -E.　41, 68
Michel, A.　64
Miles, M. B.　22
Miller, N. E.　8
Mirmow, E. L.　24, 37, 38, 44, 48, 54, 55, 57
Mischel, W.　29
Misiti, R.　19, 20, 44
Moog, W.　20
Moore, M. E.　62
Mordkoff, A. M.　70
Morgan, C.　8
Morris, J.　69
Mowrer, O. H.　8, 79
Mukerji, K.　54
Murphy, A. T., Jr.　67
Murphy, M. M.　71
Murray, H. A.　8

❖ N
Nencini, R.　19, 20, 44
Neuringer, C.　69
Nick, E.　20
Nietzsche, F.　79
Nisenson, R. A.　45
Norman, R. D.　57, 67

❖ O
de Oliveira Pereira, A.　71
Oliver, G. R.　19

❖ P
Paliwal, T. R.　57
Palmer, J. O.　46
Pareek, U.　19, 20, 29, 36, 45, 49, 57, 73
Parsons, E. T.　38
Paul, C.　43, 44
Pavlik, W. B.　42
Peltier, J. R.　64
Perczel, J.　64
Perczel, T.　64
Perse, J.　68
Pichot, P.　19, 20, 28, 68
Pierloot, R. A.　71
Portnoy, B.　66
Posner, R.　45
Puri, P.　19, 65

❖ Q
Quarrington, B.　67
Quay, H.　54

❖ R
Ragionieri, M.　70
Rapisarda, V.　60
Rauchfleisch, U.　19, 41, 57, 58, 68
Riccio, D.　59
Rigamonti, P. O.　70
de Risio, C.　70
Rogers, A. H.　43, 44
Rose, C.　36, 67
Rosenstock, I. M.　28
Rosenzweig, L.　36, 39, 69, 81
Rosenzweig, S.　4, 7, 8, 9, 13, 14, 15, 16, 17, 19, 20, 21, 23, 24, 29, 31, 32, 33, 34, 35, 36, 37, 38, 39, 40, 41, 42, 43, 44, 45, 47, 48, 49, 50, 55, 56, 58, 61, 62, 66, 67, 68, 69, 70, 79, 80, 81, 87
Ross, E. N.　66
Roth, R. M.　19, 65

❖ S
Saito, I.　19
Sanford, F. H.　28
Sarason, S.　39, 80, 81
Schalock, R. L.　54
Schildkraut, J. J.　50
Schmeidler, G. R.　40
Schöfer, G.　41, 68
Schneider, J. E.　60
Schopenhauer, A.　79
Schwartz, M. M.　42, 46, 54, 62

*157*

Searle, A. 43, 44
Sears, P. S. 8
Seitz, P. F. D. 70
Selkin, J. 69
Sharma, C. M. 62
Shaw, M. C. 65
Shedd, C. L. 66
Sheehan, J. G. 67
Shoemaker, R. 72
Shrauger, S. 40
Shupp, F. M. 54
Silverman, A. J. 50
Silverstein, A. B. 44, 56
Simons, H. 61
Sinaiko, M. W. 63, 64
Singer, M. T. 48
Singh, M. V. 57
Sivanandam, C. 57
Smith, L. M. 54
Smith, M. D. 36, 61
Spache, G. D. 19, 61, 62, 64, 67
Sparer, P. J. 69
Spilka, B. 57
Stacey, C. L. 66
Starer, E. 68
Stoltz, R. E. 36, 61
Sumita, K. 20, 41
Sutcliffe, J. P. 22, 23, 44
Swartz, J. D. 23
Sweeney, D. R. 50, 51
Sweetland, A. 54
Swickard, D. L. 57
Syme, L. 71

✣ T
Takala, A. 73

Takala, M. 73
Taylor, M. V., Jr. 22, 23
Taylor, O. M. 22, 23
Tejessy, C. 46
Thorpe, J. S. 23
Towner, W. C. 57
Trapp, E. P. 72
Trentini, G. 44
Tridenti, A. 70
Tuccimei, G. 60

✣ V
Van Dam, F. 19, 64
Vane, J. R. 57
Van Roy, J. 71
Vieira, M. V. M. 71
Vinacke, W. E. 73

✣ W
Wallon, E. J. 42, 43, 44, 64
Wasman, M. 19, 46, 56
Watson, R. I. 63
Watson, R. I., Jr. 19, 61, 73
Waugh, D. B. 70
Webb, W. B. 42, 43, 44
Wechsberg, F. O. 45
Wilson, G. D. 72
Winfield, D. L. 69

✣ Z
Zeghers, J. 64
Zimet, S. G. 36, 67
Zuidema, G. D. 50

# 事項索引

## あ
アグレッション　9
アグレッションの型と方向　22
アグレッションの構成体　11
アルコール中毒　86, 92
暗黙　41
暗黙水準　45

## い
意見　41
意見水準　42
一次的フラストレーション　11
因子分析　41, 85, 88
インド版児童用　57

## え
エール学派　8
エピネフリン（アドレナリン）　37, 50
F-反応研究　80
MMPI　53
遠隔知覚　40

## お
オーチス精神能力テスト　54
オルポート・バーノン価値研究　53

## か
解釈　14
カウンセリング　86, 93
学業成績　64, 86, 93
家族関係　86, 94
学校　64
学校心理学　86, 93
葛藤　6
カテコラミン　50
環境性神経皮膚炎　70

## き
企業　63
奇遇法　24
基準関連　53, 85, 89
基準関連妥当性　33
犠牲性　7
吃音　67
基本的研究，評価　85, 87

基本的文献　85, 87
キャッテル16PF人格検査　54
教育心理学　86, 93
教師選考，実効性　86, 93
矯正効果　86, 92

## く
クロスカントリー　59
軍隊　64

## け
継続的臨床予測　55
形態頻度　57
形態頻度分析　41
刑務所　56, 68
欠乏　5
研究の分野別ガイド　83
言語矯正　86, 93
言語障害　67
言語的攻撃　44
言語連想法　8
顕在　41
顕在水準　43
現実反応　80
建設的　3, 4, 12

## こ
攻撃エネルギー　59
攻撃の定義　3
構成的　85, 89
構成的妥当性　31, 32
行動　42
行動水準　41, 87, 96
行動テスト　80
口答法　16
行動問題　85, 91
行動療法　86, 93
個性力動的な基準　9

## さ
罪悪感　58
再検査　26, 85, 88
再検査信頼性　21
裁判所　68
産業　63, 86, 92

159

三者関連説　39, 40

❖ し

シーゲル顕在性敵意尺度　57
自我防衛　12
自己概念，自己評価　87, 96
自己実施　16
事故頻発　86, 93
自殺　69, 85, 91
自責　12
実験的心理力動論　86, 95
実験的フラストレーション　48
実験的フラストレーションテスト　85, 87
実施法　15
質問　15
質問紙　80
質問法　42
実用的（予測，応用）　85, 90
実用的妥当性　33, 53, 63
児童用　29, 61
自罰的　6
社会経済的地位　86, 94
社会的地位　61
社会的望ましさ　87, 96
社会的フラストレーション　49
宗教　86, 94
従属変数としてのP-F　86, 95
集団一致度　13
集団的基準　8, 9
集団差　56
主題統覚検査（TAT）　8
主張性　4
主張的行為　3
首尾一貫した概念パターン　37
障害者　85, 90
障害優位　12
神経症　85, 91
人事　86, 93
人種　72, 86, 94
心身症　70, 86, 91
信頼性　22, 85, 88
心理生物学的防衛水準　10
心理測定的テスト　54
心理療法　86, 93

❖ す

睡眠剝奪（断眠実験）　48
スコアリング　85, 88
スコアリングの基本的構成体　10
スコアリングの信頼性　14, 19

スコアリングの様式　21
ストレス　49, 50
スポーツ選手　59, 85, 90
スライド　18

❖ せ

性　85, 90
生活様式　86, 94
性差　60
政治犯　56
精神医学的治療　86, 93
精神障害者　68
成人用　24, 62
生態防衛　12
青年用　28, 61
生理反応　50
セールスマン　63
折半法　23
喘息　71
選択肢法　19

❖ そ

相関　85, 88

❖ た

多肢選択法　43
他責　12
妥当性　31, 85, 89
妥当性の実証法　32
他罰的　6

❖ ち

知的障害　65, 86, 93
知能　86, 94
超能力　85, 90

❖ て

敵意　3
テスト・バッテリー　68
てんかん　85, 91

❖ と

同一視　17
投影的同一視　86, 95
投影反応　80
投影法　31
投影法の構成体　85, 87
統合失調症　68, 85, 91
同調性　87, 96
糖尿病　70

160

事項索引

特別条件　85, 90
読書能力，読書障害　67, 86, 94

✤な
内的整合性　23, 85, 88
内容的妥当性　33

✤に
二次的フラストレーション　11
日本　36

✤ね
年齢　85, 90

✤の
ノルエピネフリン（ノルアドレナリン）　37, 50

✤は
パーソナリティ構造　87, 95
パーソナリティの構え　87, 96
パーソナリティ力動　87, 95
バーンリューター人格目録　53
肺結核　70
破壊性　3
破壊的　3, 4, 12
発達差，個人差　85, 90
発達的証拠　36
犯罪　56, 86, 92
反社会的行動　86, 92
半投影法　31, 32, 38, 51
反応水準　15, 17
反応転移　13
反応転移の妥当性　38

✤ひ
P-F 構成体の発展　34
非行　56, 86, 92
被催眠性　39
病院・診療所　68
標準化　20
標準的実施法　16
標準の実施法　15
被欲求阻止者　61

✤ふ
フェンシング　59
フットボール　60
普遍的基準　8
フラストレーションと攻撃の構成体　85, 87
フラストレーションの構成体　85, 87

フラストレーション反応の構成　11
フラストレーション理論　10
文化　72, 86, 94
文化交差　73, 86, 95

✤へ
ベル・適応目録　53
偏見，権威主義　72, 86, 94

✤ほ
法則定立的　9
ボクシング　59
ホルツマン・インクブロットテスト　23

✤ま
マニュアル　30, 85, 88

✤み
見せかけ　42, 96
見せかけ反応　87

✤む
無責　12
無罰的　6

✤も
目録　54

✤や
薬物中毒　86, 92

✤ゆ
ユーモア　48

✤よ
抑圧　34
抑圧性-鋭敏性　40
抑うつ　85, 91
欲求阻止者　61

✤り
理想反応　80
理論的背景　10
臨床的問題　85, 91

✤れ
歴史的概観　79

✤ろ
ロールシャッハ　46

161

### 訳者あとがき

　本書は，ソウル・ローゼンツァイク博士（Saul Rosenzweig）による *Aggressive Behavior and the Rosenzweig Picture-Frustration (P-F) Study*（New York: Preager, 1978）の全訳である。
　P-Fスタディ（以下P-Fと略）は，原著者であるローゼンツァイク博士によって1945年に公刊されたが，その後日本をはじめとして多くの国々で標準化され，パーソナリティの研究や臨床査定の手段として広く用いられてきた。これまでのP-Fに関する論文はかなりの数に達している。しかし，P-Fについての著書は乏しく，原著者による書物もP-Fの手引きとしてのBasic Manualと，児童・青年・成人それぞれのスコアリング例と標準化の基準を記載した増補版を除いて，原著が唯一のまとまった書物である。
　本書は，P-Fが考案されるまでの経緯や背景となる理論の紹介と，出版されて以来世界各国で行なわれた約40年間の500を超えるP-Fに関する研究を整理して，論評を加えた貴重な名書である。原著は約30年前の出版であるが，P-F自体はその後も変更されていないし，P-Fの主な研究はほとんどが1980年以前に行なわれている。したがって，原著の内容は時代の遅れをそれほど感じさせるものではない。
　本書の内容は，P-Fの背景となる理論的側面として，攻撃理論，フラストレーション理論の概要が述べられている。心理査定の技法（テスト）面では，P-Fの実施上の問題，反応分類，解釈，心理テストの信頼性と妥当性などについてローゼンツァイク博士の考えが示されている。本書で紹介されている研究は，その領域や研究方法においても多種多様である。さらに，P-Fに関してどのような研究結果が得られているかがわかるだけでなく，諸研究に対する考察を通してP-Fに対する原著者の考え方も知ることができる。また，本書2部では「文献の分野別分類」として，取り上げた文献を分野別に分類しているが，これはローゼンツァイク博士夫妻の共著として，*Journal of Personality Assessment*, 1976に掲載された論文の再掲であり，読者が該当するテーマについて調べる際に大いに役立つだろう。以上のような内容から，P-Fについて関心があり，あるいは実際に研究手段や臨床査定の用具として使用している研究者，学生，心理臨床家たちが本書に目を通していただけば，多々参考になる

*163*

ことがあるだろう。ぜひとも多くの方々に活用していただくことを願っている。

　P-F が作成された経緯をみると，背景としての理論があり，単に臨床査定の手段として生まれたのではなくて，むしろパーソナリティ研究の手段として考案されたものであることがわかる。P-F スタディを「テスト」ではなくて「スタディ」ないし「技法」と呼んでいるところにもローゼンツァイク博士の P-F についての考え方が表れている。P-F の半投影法ないし制限投影法という性質の功罪について考えると，問題点としては，フラストレーション事態での反応に限定されているので，パーソナリティが反映する幅と深さに限界があることである。一方，利点は，記号化による統計的処理ができる，集団使用ができる，適応年齢層の幅が広いことなどがあげられる。このような P-F の性質から，これまでの研究の結果によると，信頼性と妥当性について，全体として科学的な検証に応えているといえよう。最近翻訳出版された『ロールシャッハテストはまちがっている』（宮崎謙一訳，James M. Wood, M. Teresa Nezworski, Scott O. Lilienfeld, & Howard N. Garb 著，北大路書房，2006）の著書（p.94）でも，妥当性があって臨床的に有用な3つの投影法の1つとして，P-F があげられている。

　個人的なことになるが，ローゼンツァイク博士に初めて出会ったのは訳者が在外研究のためミシガン大学に滞在中，セントルイスの博士を訪問した1984年9月のことである。以来，さまざまな疑問点などの問い合わせに対していつも丁寧で的確なご指導をいただき，P-F の理解や研究を行なう上で大きな助けとなった。2回目にお目にかかったのは1996年のことで，カナダのモントリオールで開催された国際心理学会に出席する折に訪問し，博士のお宅に1泊させていただいた。掲載の写真はそのときにご夫妻と写ったものである。博士

はことのほか蛙が好きで，庭にいくつかの蛙の像が置かれていた。つい最近，林勝造先生からのお便りで，大きな蛙の陶器の1つは，学会で日本に来られたとき（1972年）の記念品で，信楽焼きの置物だと知った。

　このたび，本書の訳出を計画した主な理由は2つある。1つは，家族ぐるみでお付き合いをしているご息女のJulie Hahn（サンタローザ短期大学スクールサイコロジスト）から，ローゼンツァイク博士が逝去されたというお知らせをいただき，何かの形で博士へのご恩返しをしたいと思ったことである。もう1つは，私が甲南女子大学を今年の3月で定年退任することになり，1つの区切りとして原著者のP-Fについての考えを日本のユーザーに伝えたいと思ったことである。しかし，このような貴重な著書の翻訳にあたって，原著者の考えを十分に理解し，正確に訳文として伝えることができたかどうか心許ない。どうか本書に対する読者の方々のご批判とご叱正をお願いしたい。なお，原著者による注以外に，必要と思われる箇所に訳者の注を加えた。これが読者の理解に役立てば幸いである。

　訳者がP-Fに本格的に取り組むようになったのは，日本版の著者である林勝造先生のご厚意とご指導のおかげである。また，その後の研究を今日まで継続できたのは，一谷彊先生をはじめとするP-F研究会の方々との交流が大きな力になっている。特に，病のために逝去された畏友津田浩一氏（元大阪市立児童院長・元大阪市立大学看護短期大学部教授）のことは忘れることができない。また，甲南女子大学で28年間の大学教員生活を有意義に過ごせたのは，心理学研究室のスタッフの方々の温かいご支援があったからこそである。これまでお世話になった多くの方々に心から感謝を申し上げたい。

　最後に，本書の出版にあたって，懇切なご助言とご協力をいただいた北大路書房社長兼編集部長の関一明氏に謝意を表したい。

2006年4月

秦　一士

[原著者紹介]

ソウル・ローゼンツァイク（Saul Rosenzweig）

1907年にアメリカのボストンで生まれる。1929年にハーバード大学（哲学・心理学専攻）を主席で卒業し，同じハーバード大学（臨床心理学専攻）で1930年MA，1932年Ph.D.を取得する。

1929年から1934年まで，新たに設立されたハーバード心理クリニックで研究助手を務め，Murrayを指導者とするパーソナリティの臨床的実験的研究に参加する。

1934年から1943年までマサチューセッツ州ウスター公立病院で研究業務のスタッフとなり，同時にクラーク大学心理学教室の所属教員となる。P-Fスタディが考案されたのはこの時期である。

1943年から1949年までピッツバーグのウエスタン公立精神医学研究所で主席心理士となり，同時にピッツバーグ大学の講師を務めた。

1949年にセントルイスのワシントン大学で心理学・精神医学部の教授となり，1975年に名誉教授となった。この間に，国際攻撃研究学会（ISRA）の創設者として初代会長を務めたほか，1972年に個性力動学と創造的プロセスの研究財団を創設して財団を主宰した。2004年8月に永眠する。

ローゼンツァイクの研究領域は幅広く，統合失調症の治療，精神分析概念の実験的研究，P-Fスタディを中心とした心理査定に関する研究，個性力動論という独自のパーソナリティ理論の発展など，200を超える科学的，歴史的，伝記的論文を発表している。

本書に引用されている文献以降の著書として，次のような書物がある。

*Freud and Experimental Psychology: The Emergence of Idiodynamics*. St. Louis: Rana House, 1987.

*The Historic Expedition to America（1909）: Freud, Jung, and Hall the King-maker*. St. Louis: Rana House, 1994.

なお，原著者自身の執筆による自伝と業績が*Journal of Personality Assessment*, 82 (3), 257-272. に掲載されているので，詳しくはその文献を参照されたい。

［訳者紹介］

秦　一士（はた　かずひこ）
1935年　　　北海道に生まれる
1961年　　　広島大学教育学部心理学科卒業
　～1972年　兵庫県児童相談所
　～1977年　広島大学大学院修士・博士課程
　～2006年　甲南女子大学
現　　在　　甲南女子大学名誉教授・博士（心理学）
**主著**
児童の発達と教育（共著）　創元社　1980
現代児童心理学要説（共編著）　北大路書房　1981
P-Fスタディ解説（共著）　三京房　1987
児童心理学要論（共編著）　北大路書房　1988
人格の理解2〈臨床心理学大系6巻〉（共著）　金子書房　1992
P-Fスタディの理論と実際　北大路書房　1993
攻撃の心理学（共編訳）　北大路書房　2004

## 攻撃行動とP-Fスタディ

| 2006年5月10日 | 初版第1刷印刷 | 定価はカバーに表示 |
| 2006年5月15日 | 初版第1刷発行 | してあります |

著　者　　S. ローゼンツァイク
訳　者　　秦　　一　士
発行所　　㈱北大路書房
〒603-8303　京都市北区紫野十二坊町12-8
電話　(075) 431-0361㈹
ＦＡＸ　(075) 431-9393
振替　01050-4-2083

© 2006　　印刷・製本／シナノ㈱
検印省略　落丁・乱丁本はお取り替えいたします。
ISBN4-7628-2505-0　　Printed in Japan